Gutsle global

Weihnachten mit der

Gutsle global

Internationale Rezepte
aus dem Ländle

Herausgegeben von
Margarete Endreß und Inge Landwehr

Bildnachweis:
Alle Rezeptbilder, das Foto auf den Vorsatzblättern und die Backzutaten- und Back-
utensilien-Freisteller wurden von Hartmut Seehuber, Stuttgart, für dieses Buch fotografiert.
Die Porträts der Bäckerinnen und Bäcker stammen aus Privatbesitz,
die Bilder der Moderatoren sowie die Fotografien im Vorwort wurden vom SWR beigesteuert.
Das Zuckerstreuselbild auf Seite 83: © volkerr – Fotolia.com.
Alle übrigen Fotos sind aus dem Fundus des Silberburg-Verlages.

1. Auflage 2011

© 2011 by Silberburg-Verlag GmbH,
Schönbuchstraße 48, D-72074 Tübingen.
Alle Rechte vorbehalten.
Umschlaggestaltung: Anette Wenzel, Tübingen,
unter Verwendung von Fotografien von Hartmut Seehuber.
Druck: Gulde-Druck, Tübingen.
Printed in Germany.

ISBN 978-3-8425-1136-1

Besuchen Sie uns im Internet
und entdecken Sie die Vielfalt unseres Verlagsprogramms:
www.silberburg.de

Gutsle global

Internationale Rezepte aus dem Ländle

November 2010. Langsam geht es auf Weihnachten zu. Für die SWR Landesschau Baden-Württemberg heißt das: Leinen los und volle Kraft voraus. Bei unserer traditionellen Weihnachtsaktion legen wir ab zu einer Reise um die Welt. Nur, in welche Länder sie uns führen wird, weiß zu diesem Zeitpunkt noch keiner.

Mit Unterstützung von SWR International, der Fachredaktion für Migration und Integration im SWR, kommt der Backwettbewerb »Weihnachten international« in Fahrt. Gesucht: die besten Weihnachtsplätzchen und süßen kulinarischen Weihnachtstraditionen aus aller Welt – gebacken in Baden-Württemberg nach alten Familienrezepten oder als Neuentdeckungen aus dem Urlaub. Schließlich ist Baden-Württemberg schon seit den 1950er-Jahren ein klassisches Einwanderungsland. Und nicht nur das. Die Baden-Württemberger insgesamt sind als weltoffen und reisefreudig bekannt.

Bei Familie Aydogan in Frickenhausen erfährt Sibylle Möck nicht nur, wie türkisches Mehlgebäck gemacht wird, sondern auch, wie türkische Baden-Württemberger die deutsche Weihnachtszeit erleben.

Ein Ausflug in die exotische Welt Indiens. Sibylle Möck ist zu Gast bei Familie Gandbhir in Immenstaad. Zum Adventskaffee gibt es indisches Karotten-Halwa.

Live-Reporterin Sibylle Möck als Gutsle-Gesandte der Landesschau bei Chocolatier Volker Gmeiner in Freiburg. Der Experte in Sachen internationale Süßigkeiten sucht aus den 25 besten Einsendungen die sechs Finalisten aus.

Gut 100 Kostproben gehen in der Redaktion ein. Plätzchen aus allen fünf Kontinenten dieser Erde – aus Ländern von Indien bis Südafrika, Neuseeland bis Mexiko, Finnland bis Ägypten und natürlich aus ganz Europa. Und wir warten jeden Tag ganz gespannt auf neue Post. Denn einmal pro Woche stellen wir ein eingeschicktes Gebäck und seine Bäckerin in der Landesschau vor. Für unsere Live-Reporterin Sibylle Möck eine einzige Abenteuerreise in die Weihnachtstraditionen ferner Länder. Bis in die Finalwoche probiert sie sich in den Küchen und Wohnstuben der Einsenderinnen durch kroatische, türkische, amerikanische und indische Weihnachtsleckereien.

Nach einer Vorauswahl in der Redaktion reisen die 25 besten Plätzchen nach Freiburg zu Chocolatier und Patissier Volker Gmeiner, einem Experten auf dem Gebiet internationaler Süßigkeiten. Aus diesen Kostproben bestimmt er unsere Finalisten. Fünf sollen es eigentlich sein, aber er findet, dass sechs Sorten finalwürdig sind: die österreichischen Butterstangerl, die amerikanischen Minzkekse, das türkische Mehlgebäck, die rumänischen Walnussplätzchen, die böhmischen Zimtsterne und die namibischen Gewürzkekse. Sie alle kommen ins Finale. Und das heißt für ihre Bäckerinnen und Bäcker: auf zum Stuttgarter Weihnachtsmarkt. Dort sind sie live dabei, als die Jury im

Im Finale präsentieren die Bäckerinnen und Bäcker der sechs besten Plätzchen ihre Gutsle bei Sibylle Möck auf dem Stuttgarter Schlossplatz.

Gutsle-Teller international. Bei Jürgen Hörig im Landesschau-Studio geht die Jury auf eine kulinarische Weltreise: von Tschechien über Österreich, Rumänien, Türkei und USA bis nach Namibia – alles »made in Baden-Württemberg«.

Studio das Gewinner-Plätzle »erschmeckt«. Der kenianische Pfarrer Achille Mutombo aus Pliezhausen, Jan Garcia, SWR3-Moderator mit spanischen Wurzeln, sowie Ulrike Barthruff und Winfried Wagner, das Bäckerehepaar Laible aus der SWR-Serie »Laible und Frisch«, entscheiden sich für die böhmischen Zimtsterne von Annina Klarer aus Ulm. Glückwunsch!

Jetzt packt Sie das kulinarische Fernweh? Kein Problem. Die pfiffigsten, die leckersten, die ungewöhnlichsten Rezepte unserer Aktion habe ich in diesem Buch für Sie zusammengestellt. Darunter natürlich auch die unserer sechs Finalisten und das Gewinner-Rezept. Stechen Sie also in See zu einer Entdeckungsreise durch die süßen Weihnachtstraditionen dieser Welt: zu Rugalach und Becar-Schnitten, Buccellati und Julstjärnor, Gueffus, Concada und vielem mehr. Internationale Rezepte, präsentiert von den Bäckerinnen und Bäckern selbst, mit ihren persönlichen Tipps und Tricks für ein perfektes Gelingen. Das Ganze garniert mit ihren Erinnerungen an das Weihnachtsfest in der Ferne und den Erlebnissen der Landesschau-Moderatoren bei der Aktion. Nicht nur die Globetrotter unter Ihnen werden daran ihre Freude haben.

Ich wünsche Ihnen eine köstliche Reise und viel Spaß beim Backen mit der Landesschau!

Margarete Endreß

Indien

Karotten-Halwa

Rezept von Neelima Gandbhir, Immenstaad am Bodensee

250 g Karotten
1 Dose Dosenmilch (10 %)
100 g Butterschmalz
150 g Zucker
½ TL gemahlener Kardamom

Zum Verzieren:
50 g geschälte, gemahlene Mandeln

Die Karotten schälen und fein reiben. Die geriebenen Karotten mit der Butter in einen Topf geben. Bei hoher Hitze rühren, bis die Flüssigkeit verdampft ist. Die Dosenmilch zugeben und bei mäßiger Hitze weiterrühren, bis die Milch eindickt. Dann den Zucker zufügen. Weiterrühren, bis der Zucker karamellisiert ist und eine feste Masse entsteht. Den Kardamom untermischen. Aus der Masse walnussgroße Kugeln formen und in den gemahlenen Mandeln wälzen, bis sie ganz damit bedeckt sind.

Mein Tipp:

Das Rezept ergibt etwa 35 Kugeln. Kaufen Sie den Kardamom in Kapseln, nicht gemahlen. Die Kapseln öffnen, den Samen herausnehmen, in der Pfanne rösten und zu Pulver vermahlen. So schmeckt Kardamom intensiver.

Indien

Karotten-Halwa ist eine bekannte alte Süßigkeit und es gibt in fast allen indischen Kochbüchern ein Rezept dafür mit kleinen Variationen, zum Beispiel mit Mandeln, Pistazien und Rosinen. Traditionell werden die Karotten sehr lange mit frischer Milch und Zucker gerührt. Ich verwende Dosenmilch und habe dadurch die Rührzeit stark verkürzt. Auch die Zuckermenge habe ich nach deutschem Geschmack reduziert. So habe ich das Rezept für meinen Kochkurs geschrieben. Karotten-Halwa serviert man in Indien kalt oder warm in einer kleinen Schüssel und isst es mit einem Löffel. Hier habe ich es zu Kugeln geformt und diese in gemahlenen Mandeln gewälzt, dann ist es einfach wie eine Praline in den Mund zu stecken. Mein Mann, unsere Kinder, die Schwiegertochter und die zwei Enkelkinder essen das Karotten-Halwa sehr gerne und löffeln es auch aus der Schüssel.

Weihnachten in Indien

Weihnachten ist für die Christen in Indien ein fröhliches Fest und zugleich das größte Fest des Jahres. In der Adventszeit fangen sie mit den Vorbereitungen an. Sie bauen Krippen, schmücken die Wohnung mit Laternen und Lichterketten. Ein kleiner, künstlicher Weihnachtsbaum wird aufgestellt – echte Tannen sind Mangelware. Schon Tage vorher werden verschiedene Süßigkeiten vorbereitet. Ein neues Kleid – maßgeschneidert – oder ein neuer Sari gehören dazu. Ganz wichtig für die Christen ist die Mitternachtsmesse am 24. Dezember. Die Kirche ist stets überfüllt. Deshalb schmückt man den Hof mit Laternen, Lichterketten und bunten Girlanden. Ein großer geschmückter Christbaum steht im Kirchengelände, wo abends um zehn auf einer Bühne die Messe gehalten wird. Anschließend werden Tee, Getränke und Snacks angeboten. Oft ist man anschließend noch im privaten Kreis zusammen. Am 25. Dezember bereiten sie ein Festessen mit vielen verschiedenen Gerichten zu. Gäste werden eingeladen. Man tauscht Süßigkeiten aus und die Kinder bekommen kleine Geschenke.

Hier in Deutschland schmücken wir in der Adventszeit die Zimmer mit Sternen, Kerzen und Tannengrün. Ich backe Weihnachtsgebäck. Früher haben wir an Heiligabend mit unserer alleinstehenden Nachbarin das Menü für den Abend zubereitet und den Weihnachtsbaum geschmückt. Die Kinder bekamen Geschenke. Heute feiern wir Weihnachten mit unseren Kindern und Enkelkindern. Die Weihnachtszeit ist schön für alle und zusammen feiern ist noch schöner.

Türkische Honigstreifen

Rezept von Ursula Geiger, Aldingen

500 g Mehl
3–4 EL Zucker
3 EL saure Sahne oder Schmand
4 Eigelb
250 g Butter
etwa 100 g flüssige Butter
1 Prise Salz

Für die Füllung:
250 g flüssigen Honig

Zum Bestreuen:
Zimt und Zucker
etwas Zimt extra
etwas Puderzucker

Mehl in eine Schüssel sieben. Eine kleine Mulde in die Mitte drücken. Zucker, Salz, saure Sahne und Eigelb hineingeben. Die klein gewürfelte Butter am Rand verteilen. Alles zu einem Mürbteig verkneten und etwa eine Stunde kühl stellen. Den Backofen auf 180° C vorheizen. Den Teig halbieren, die Butter flüssig werden lassen. Eine Teighälfte zwischen Folie auf Backblechgröße auswellen und auf ein Blech legen. Die zweite Teighälfte ebenfalls auswellen. Zwischen Folie lässt sich die Teigplatte besser transportieren. Den Honig auf der ersten Teigplatte verstreichen. Dann die zweite Teigplatte darüberlegen. Mit der flüssigen Butter bestreichen, Zimt und Zucker darüberstreuen und etwa 15 bis 20 Minuten backen. Mit dem Backpapier vom Blech ziehen. Auf einem Gitter erkalten lassen. Mit Puderzucker und Zimt nach Geschmack bestreuen und in Stücke schneiden.

Übrigens:

Das Rezept ergibt etwa 40 Stück (4 x 2 cm groß). Bei meiner Familie sind sie der Hit. Fast hätte ich nicht mehr am Landesschau-Backwettbewerb teilnehmen können. Die erste Ladung Honigstreifen, die ich dafür gebacken hatte, hat einfach »Beine« bekommen. Nicht umsonst mache ich immer kleine Stückchen, sonst muss ich noch mehr Honigstreifen backen.

Türkei

un kurabiyesi (Mehlgebäck)

Rezept von Ruhsar Aydogan,
Frickenhausen

125 g Butter
100 g Puderzucker
250 g Mehl

Zum Bestreuen:
Puderzucker

Puderzucker und Mehl durchsieben und gut durchmischen. Die Butter stückweise hineinschneiden und richtig gut durchkneten. Den Teig in walnussgroße Stückchen einteilen, zu Kugeln formen und platt drücken. Auf ein gefettetes oder mit Backpapier belegtes Blech legen. Auf dem Blech nochmals mit einer Gabel leicht plattdrücken, so dass die Plätzchen durch die Form der Gabel eine Verzierung erhalten. Im vorgeheizten Backofen bei 150° C etwa 15 bis 20 Minuten backen. Nach dem Abkühlen mit Puderzucker bestreuen.

Übrigens:

Das Rezept ergibt je nach Größe der Plätzchen etwa 40 Stück.

Türkei

Auch wenn wir Weihnachten nicht feiern, sind Weihnachtsplätzchen für uns das Gebäck der Winterzeit. Es gehört für uns einfach dazu, im Dezember gemeinsam mit den Kindern Plätzchen zu backen. Die Winterzeit hat ein ganz besonderes Flair: das warme Kerzenlicht, die glänzenden Dekorationen, oder, was wir besonders lieben, ein Spaziergang durch die bunt beleuchteten Weihnachtsmärkte, vor allem wenn es schneit. Der Winter ist für uns eigentlich die schönste Jahreszeit hier. Aber deutsche Weihnachtsplätzchen zu backen ist sehr aufwändig. Sie brauchen viel Zeit und sehr viele verschiedene Zutaten. Und dann sind diese leckeren Teilchen auch sehr schnell aufgegessen. Deshalb wurden bei uns die »un kurabiyesi« zu »türkischen« Weihnachtsgutsle. Da werden aus gerade mal drei Zutaten in kürzester Zeit sehr viele Plätzchen. Es ist also immer in null Komma nichts Nachschub an Weihnachtsplätzchen da. Und dabei sind die »un kurabiyesi« auch noch sehr preisgünstig. Für den Gegenwert von zweihundert Gramm gemahlenen Haselnüssen erhält man etwa vierzig Plätzchen. »un kurabiyesi« ist ein Rezept für jede Jahreszeit, es kommt nur auf die Dekoration an. Um sie in Weihnachtsstimmung zu bringen, verzieren wir sie mit ein bisschen Schokoglasur oder bunten Streuseln.

»Teatime«, eigentlich als typisch englisch bekannt, ist auch in der türkischen Kultur ein Ritual. Am späten Vormittag trifft man sich zu einer Tasse Mokka und am Nachmittag zum Tee. Zum Nachmittagstee bedarf es einer kulinarischen Begleitung. Aus diesem Grund findet man in türkischen Kochbüchern viele unterschiedliche Gebäckrezepte. Manche Sorten variieren auch je nach Region. Unter all diesen zahlreichen türkischen Gebäckrezepten ist »un kurabiyesi« das einfachste und gelingt am schnellsten. Das Resultat ist sehr fein und leicht. Als kleines Kind lebte ich bei meiner Oma im Westen der Türkei. Bei ihr habe ich diese feinen Plätzchen genießen gelernt. Als ich dann als Schulkind nach Deutschland kam, hat sie meine Mutter immer gebacken. Ich backe viel und gerne. Aber diese Plätzchen zu backen ist für mich Nostalgie.
Die Teilnahme am Landesschau-Backwettbewerb geschah eigentlich eher zufällig. Es kommt alles, wie es kommen muss. Die Nachricht, dass meine »un kurabiyesi« unter den ersten sechs sind, hat mich sehr berührt.

Die Endrunde im Pavillon vor dem Königsbau war für mich sehr emotional. Ich musste immerzu an meine verstorbene Oma denken. Mein Herz erfüllte ein Gefühl von unendlicher Dankbarkeit für das, was sie mir an Erinnerungen und Ritualen mitgegeben hat. Ihr einfaches und schnelles Rezept wurde hier geehrt. Ein Gefühl von Angekommensein. Diese Bestätigung, dass sich mein türkisches Gebäck in die Siegerriege eingereiht hatte, war ein wohltuendes Gefühl. Ist das gelungene Integration? Ja, ohne sich verbiegen zu müssen, anzukommen und wahrgenommen zu werden, das ist gelungene Integration.

Neuseeland

Anzac Biscuits

Rezept von Rosemarie Reiber, Leonberg

1 Tasse Haferflocken
1 Tasse Mehl
1 Tasse braunen Zucker
1 Tasse Kokosflocken
125 g Butter
4 EL Honig
2 EL Backpulver
2 EL Wasser

Haferflocken, Mehl, braunen Zucker und Kokosflocken vermischen. Die Butter schmelzen und unterrühren. Dann Honig, Backpulver und Wasser hinzufügen. Alles gut verrühren. Auf ein gefettetes oder mit Backpapier belegtes Blech kleine Teighäufchen setzen. Im vorgeheizten Backofen bei 150° C etwa 10 Minuten backen.

Übrigens:

Das Rezept ergibt ungefähr 30 Stück. Zum Aufsetzen der Teighäufchen verwende ich einen Portionierer. Das Rezept habe ich von unserem Schwiegersohn Matt. Er kommt aus Auckland in Neuseeland, wohnt und arbeitet aber seit gut fünf Jahren in Freiburg.

Das »Australian New Zealand Army Corps« (ANZAC) war eine militärische Einheit im Ersten Weltkrieg. Mein Schwiegersohn war selbst nicht beim Militär, aber sein Vater war ein Mitglied der NZ-SAS, einer neuseeländischen Elite-Einheit, sein Großvater bei der Marine. Seine Mutter hat die ANZAC Biscuits zu Hause oft gebacken. Sie werden das ganze Jahr über gegessen und sind in Australien und Neuseeland sehr beliebt.

Finnland

Wilhelminas

Rezept von Rosemarie Reiber, Leonberg

200 g Butter
200 g Zucker
2 EL Zuckerrübensirup
1 Eigelb
500 g Weizenmehl
1 EL Vanillezucker
2 TL Natron

Butter, Zucker und Sirup schaumig rühren. Eigelb, Mehl, Vanillezucker und Natron zugeben. Aus dem Teig sechs etwa 40 cm lange Stangen formen. Auf zwei mit Backpapier ausgelegte Bleche legen. Viel Platz zwischen den Stangen lassen, da sie im Ofen breiter werden. Im vorgeheizten Backofen bei 175° C zirka 15 Minuten braun backen. Die heißen Stangen in etwa 3,5 cm breite Stücke schneiden. Auf dem Backblech abkühlen lassen.

Übrigens:

Das Rezept ergibt etwa 60 Stück. Die Wilhelminas halten lange frisch. Sie und die ANZAC-Biscuits gehören zu meinen Lieblingsrezepten. Dr Schwob tät saga: Di send oifach sauguat!

Julstjärnor – Schwedische Weihnachtssterne

Rezept von Britta Stöckle-Forsgren, Leonberg

200 g Mehl
200 g Butter
8 EL kaltes Wasser
½ TL Essig
Himbeermarmelade

Zum Bestreichen:
1 Ei

Mehl, Butter, kaltes Wasser und Essig zu einem Teig vermengen und eine halbe Stunde kalt stellen. Dann den Teig 0,5 cm dick auswellen und in 8 cm große Quadrate schneiden. Diese an allen vier Ecken Richtung Mitte bis zur Hälfte der Diagonalen einschneiden. In die Mitte einen Klecks Marmelade geben. Dann jede zweite Ecke an einem Einschnitt bis zur Mitte klappen (sternförmig umlegen). Die so entstandenen Sterne mit dem verquirlten Ei bestreichen und auf ein kaltes, mit Backpapier belegtes Blech legen. Vor dem Backen etwa fünfzehn Minuten ruhen lassen. Dann im vorgeheizten Backofen bei 220° C etwa 8 Minuten backen.

Mein Tipp:

Das Rezept ergibt je nach Größe etwa 15 bis 20 Stück. Beim Backen aufpassen! Man darf die Sterne nicht zu braun werden lassen.

Dänemark

Brune Kager – Dänische braune Kuchen

Rezept von Rainer Petersen, Stuttgart

250 g Butter
200 g Zucker
125 g dunkler Rübensirup
75 g geschälte, gehackte Mandeln
75 g gehacktes Zitronat
½ TL gemahlene Gewürznelken
2 TL gemahlener Zimt
½ TL Ingwerpulver
7 g Pottasche
500 g Mehl

Die Butter zusammen mit dem Zucker und dem Sirup zum Kochen bringen. Vom Herd nehmen und die Mandeln, das Zitronat, das Nelkenpulver, den Zimt und das Ingwerpulver unterrühren. Die Pottasche in wenig kochendem Wasser auflösen, unter die Sirupmasse rühren und diese abkühlen lassen. Das Mehl darübersieben und unterkneten. Aus dem Teig Rollen formen, in Alufolie wickeln und 24 Stunden im Kühlschrank ruhen lassen. Backbleche mit Butter bestreichen oder Backfolie verwenden. Die Teigrollen in gleich dünne Scheiben schneiden und diese mit genügend Abstand auf die Backbleche legen. Den Backofen auf 200° C vorheizen und die braunen Kuchen 8 bis 10 Minuten auf der mittleren Schiebeleiste

Übrigens:

Die braunen Kuchen kann man auch mit hellem Rübensirup machen. Ich habe keine Ahnung, wie viele Plätzchen das Rezept ergibt. Rein rechnerisch schätze ich, es könnten zwischen 250 und 600 Stück sein, abhängig von der Dicke der Teigrollen, die man formt. Was ich aber ganz sicher weiß: In manchen Jahren waren es einfach zu wenig.

backen. Bei Umluft 180° C etwa 8 Minuten backen. Mit einem breiten Messer vom Backblech heben und auf einem Kuchengitter erkalten lassen.

Großbritannien

Rich Fruit Cake

Rezept von Karin Schindler, Müllheim

350 g Korinthen
125 g Sultaninen
125 g Rosinen
75 g kandierte Kirschen (Belegkirschen)
50 g gemischte, kandierte Früchte (Zitronat, Orangeat, Melonen), gewürfelt
50 g blanchierte, gehackte Mandeln
abgeriebene Schale von einer ¾ Zitrone
200 g helles Mehl
¾ TL gemahlener Zimt
½ TL gemahlenes »Mixed Spice«
175 g Butter
175 g heller Rohrzucker
3 Eier (Größe M)
1 EL Zuckerrübensirup (optional)

Zum Beträufeln:
3 EL Brandy

Für 2 EL »Mixed Spice« oder »Pudding Spice«:
1 TL Pimentkörner
1 Zimtstange, 2,5 cm lang
1 TL ganze Gewürznelken
1 TL geriebene Muskatnuss
1 TL gemahlener Ingwer
Nach Belieben zusätzlich etwas Kardamom und etwas Koriander

Für die Aprikosen-Glasur:
175–225 g Aprikosenkonfitüre
2–3 EL Wasser

Zum Belegen:
575 g Marzipan

Für den Zuckerguss, genannt »Royal Icing«:
675 g Puderzucker
3 Eiweiß
3–6 TL Zitronensaft
1 ½ TL Glyzerin (optional)

Zum Verzieren:
etwas Marzipan
rote und grüne Lebensmittelfarbe

Zuerst das »Mixed Spice« herstellen. Dazu alle Gewürze in einer Kaffeemühle fein vermahlen. Dann Korinthen, Sultaninen und Rosinen mischen. Die Belegkirschen in Viertel schneiden, mit warmem Wasser abspülen und gründlich auf Küchenkrepp trocknen lassen. Die Kirschen zusammen mit den gemischten kandierten Früchten, den Mandeln und der geriebenen Zitronenschale zu den Trockenfrüchten geben und gut mischen. Das Mehl zusammen mit den Gewürzen in eine Schüssel sieben. Die Butter mit dem Zucker cremig rühren, so lange, bis die Masse leicht und flockig ist. Nicht zu lange rühren, da die Masse sonst grob und schwer wird. Nach und nach die Eier einzeln, unter Zugabe von je einem Esslöffel Mehl unterrühren. Das restliche Mehl und die Trockenfruchtmischung einarbeiten. Nach Belieben den Zuckerrübensirup beifügen.

Die Masse in eine gefettete, mit Backpapier ausgelegte Form geben und gleichmäßig verstreichen. Der Teig reicht für eine runde Form mit

Übrigens:

Der Rich Fruit Cake wiegt am Ende zirka 1,5 Kilo. Ähnlich wie bei der Linzertorte wird der Geschmack dieses festlichen Früchtekuchens umso besser, je länger er aufbewahrt wird. Man backt ihn in England schon zwei bis drei Monate im Voraus und beträufelt ihn einmal im Monat mit Brandy, damit er zu Weihnachten das richtige Aroma hat. Er wird außerdem als oberste Etage von Hochzeitstorten verwendet. Das »Mixed Spice« oder »Pudding Spice« ist eine typisch britische Gewürzmischung, die für Kuchen, Puddings, Früchtebrot, Lebkuchen und Plumpudding genommen wird. Da sich das Aroma sehr schnell verflüchtigt, sollte nur eine kleine Menge davon hergestellt und schnellstmöglich verbraucht werden.

20 cm Durchmesser und für eine rechteckige Form mit 18 cm Länge. Mit einem Löffel in der Mitte eine leichte Vertiefung bilden, damit der Kuchen flach bleibt. Im vorgeheizten Backofen bei 150° C (Gas Stufe 2) 2 Stunden 45 Minuten backen. Sollte der Kuchen anfangen, zu stark zu bräunen, mit etwas Backpapier bedecken. Um zu prüfen, ob der Kuchen durchgebacken ist, die Stäbchenprobe machen. Kuchen in der Form abkühlen lassen, dann auf ein Kuchengitter stürzen und das Backpapier entfernen. Die Oberfläche des Kuchens mit einem Holzspieß einstechen und den Brandy darüberträufeln. Diesen Vorgang etwa einmal im Monat wiederholen. Der Kuchen sollte zwei bis drei Monate ruhen.

Ein bis zwei Tage vor dem Verzehr wird er dekoriert. Dazu als Erstes die Aprikosenkonfitüre mit dem Wasser in einem Topf erhitzen, durch ein Sieb streichen, aufkochen und etwas eindicken lassen. Dann den Kuchen ringsum mit der Aprikosen-Glasur bestreichen. Das Marzipan ausrollen und den Kuchen auf der Oberseite und den Rändern damit belegen. Etwas Marzipan für die Verzierung übrig lassen. Für das Royal Icing das Eiweiß steif schlagen, dann die Hälfte des Zuckers mit einem Holzlöffel einarbeiten, den Zitronensaft und das Glyzerin hinzufügen und nach und nach die zweite Hälfte des Zuckers unterrühren, bis weiche Spitzen entstehen. Mit einem feuchten Tuch abdecken und mehrere Stunden ruhen lassen. Dann mit einem Tortenspatel auf das Marzipan auftragen. In mehreren Schichten arbeiten und trocknen lassen. Übrigens: In einem luftdichten Behälter, an einem kühlen Ort, kann das Royal Icing bis zu zwei Tage aufbewahrt werden. Das Glyzerin macht es weich und geschmeidig. Ich lasse es weg. Etwas übriges Marzipan mit Lebensmittelfarbe rot und grün färben. Aus dem grünen Marzipan mit einem Plätzchen-Ausstecher Ilex-(Stechpalmen-)Blätter formen. Aus dem roten Marzipan kleine Kügelchen als Früchte rollen und den Kuchen damit verzieren.

Das Rezept habe ich von meiner Freundin Zoe aus England, die ich als Teenager kennengelernt habe. Sie lebt inzwischen schon seit mehreren Jahren in Paris, und da seit 2008 durch den TGV (Basel/Mulhouse-Paris) die Verbindungen so gut sind, sehen wir uns wieder öfter. Wir interessieren uns beide fürs Kochen und Backen und haben schon immer zusammen gekocht und unsere Rezepte ausgetauscht. Zoe reist sehr viel und bringt aus aller Welt fremde Gewürze und Zutaten mit, mit denen wir dann experimentieren. Zu Weihnachten habe ich ihr typisches, selbst gebackenes deutsches Gebäck geschickt und wollte dann auch wissen, mit welchen Spezialitäten in Großbritannien traditionell gefeiert wird. Es gibt zum Beispiel die leckeren Mince Pies, kleine Mürbeteigtörtchen beziehungsweise Pasteten, mit einer Mischung aus getrockneten und kandierten Früchten gefüllt, oder den Plumpudding, einen Brotpudding, der im Backofen im Wasserbad gegart und ebenfalls mit getrockneten Früchten zubereitet wird. Dazu reicht man Brandybutter.

Auf das Rezept für den Rich Fruit Cake sind wir per Zufall auf einem Flohmarkt in Paris gestoßen. Dort haben wir ein altes englisches Buch entdeckt, in dem es hauptsächlich um Kuchendekorationen ging. Es waren aber auch sämtliche Grundrezepte für britische Kuchen abgedruckt. Ich habe das Rezept dann übersetzt und das erste Mal vor einem Jahr zu Weihnachten gebacken. Das »Mixed Spice«, das man für den Kuchen braucht, habe ich in einem Buch über Gewürze gefunden. Bei Verwandten und Freunden, die den Kuchen probiert haben, ist er sehr gut angekommen. Und sogar mein Mann, der normalerweise Gebäck wie Früchtebrot nicht mag, hat ihn gern gegessen.

Zu Weihnachten war ich selbst noch nicht in England. Aber wie mir meine Freundin Zoe erzählt hat, wird dort Weihnachten nicht so ernst und besinnlich wie bei uns gefeiert, sondern eher feuchtfröhlich mit Papphüten und Christmas Crackers (Knallbonbons). Natürlich gibt es auch einen Weihnachtsbaum. Die Geschenke bringt Father Christmas in der Nacht zum ersten Weihnachtsfeiertag. Dazu werden wie in Amerika Stiefel aus Stoff an den Kamin gehängt, die dann gefüllt werden. Als klassisches Weihnachtsessen gilt vor allem der Roast Turkey, ein gefüllter Truthahn, der stundenlang im Backofen gegart wird, mit Kartoffeln und Gemüse oder auch Honigschinken.

Wer das Marzipan für den Rich Fruit Cake selbst herstellen will, kann folgendes Rezept für 450 g Marzipan verwenden:

100 g Zucker
100 g gesiebter Puderzucker
200 g blanchierte, gemahlene Mandeln
1 TL Zitronensaft
1 TL Rosenwasser oder ein wenig Mandelaroma
1 verquirltes Eigelb (für weißes Marzipan: 2 Eiweiß)

Zucker, Puderzucker und gemahlene Mandeln mischen und in der Mitte eine Vertiefung bilden. Zitronensaft, Rosenwasser oder Mandelaroma und Ei hinzufügen und aus allem einen festen, gut zu verarbeitenden Teig kneten. Diesen auf eine leicht gezuckerte Arbeitsfläche geben und so lange kneten, bis eine geschmeidige Masse entsteht.

Schweiz

Weihnachtshefegebäck

Rezept von Doris Düll, Ladenburg

500 g Mehl
500 g kalte Butter
1 Becher (200 g) Schmand
1 Würfel Hefe

Zum Verzieren:
2 Eigelb
Hagelzucker

Die Hefe mit dem Schmand auflösen. Die kalte Butter in Flöckchen auf dem Mehl verteilen. Die Hefelösung dazugeben und alle Zutaten von Hand gut zusammenkneten. Der Teig soll nicht kleben. Bei Bedarf noch etwas Mehl unterarbeiten. Den Teig mindestens eine Stunde, gerne auch bis zu vier Stunden, kühl ruhen lassen. Dazu aber nicht in den Kühlschrank stellen. Danach etwa 1 cm dick auswellen und mit beliebigen Formen das Gebäck ausstechen. Auf ein mit Backpapier belegtes Blech legen, mit Eigelb bestreichen und Hagelzucker bestreuen. Im vorgeheizten Backofen bei 170° C etwa 12 bis 15 Minuten backen.

Übrigens:

Das Rezept ergibt etwa neunzig bis hundert Stück. In einer Blechdose aufbewahrt, halten sie sich lange Zeit frisch. Das Spektakuläre an diesem Gebäck: Der Teig ist ohne Zucker!

Urner Leckerli

Rezept von Jasmin Schlanderer-Seifert, Engstingen

250 g gehackte Mandeln
125 g gemahlene Mandeln
125 g gemahlene Haselnüsse
450 g Zucker
250 g sehr fein gehacktes Zitronat und Orangeat
1 ½ TL Zimt
1 Prise Salz
2 EL Mehl
4 EL Honig
4 Eiweiß

Für die Glasur:
150 g Puderzucker
2 EL Kirschwasser
1 TL Zitronensaft

Den Honig leicht erwärmen. Das Eiweiß steif schlagen. Beides mit Nüssen, Zucker, Zitronat, Orangeat, Zimt, Salz und Mehl vermischen und alles zu einem glatten Teig verkneten. Danach den Teig 24 Stunden ruhen lassen. Den Teig anschließend 4 bis 5 Millimeter dick ausrollen und in 2,5 x 4 cm große Plätzchen schneiden oder ausstechen. Auf ein mit Backpapier belegtes Blech setzen. Im vorgeheizten Backofen bei 180° C 15 bis 20 Minuten backen. Aus Puderzucker, Kirschwasser und Zitronensaft einen Guss rühren. Die noch lauwarmen Plätzchen mit der Glasur bestreichen und abkühlen lassen.

Mein Tipp:

Anstatt des Kirschwassers in der Glasur kann man auch nur Zitronensaft verwenden. Da der Teig sehr klebrig ist, sollte man ihn zwischen Folie oder Backpapier ausrollen. Das Rezept ergibt etwa 220 Stück.

Butterstangerl

Rezept von Brigitte Geiger, Rechberghausen

250 g glattes Mehl
250 g Butter
2 Eidotter
2 EL Sauerrahm
2 EL Weinessig
1 Prise Salz

Für die Glasur:
250 g Puderzucker
2 Eiweiß

Die angegebenen Zutaten rasch zu einem Mürbteig verkneten, einen Ziegel formen und diesen über Nacht im Kühlschrank ruhen lassen. Am nächsten Tag den Teig auf zirka 20 x 30 cm Größe ausrollen. Die Teigplatte dann auf die Hälfte zusammenlegen und diese noch einmal halbieren. Danach den Teig nochmal für etwa eine Stunde in den Kühlschrank legen. In der Zwischenzeit das Eiweiß mit dem Rührgerät aufschlagen, bis es fest zu werden beginnt. Dann den Zucker einrieseln lassen. Die Masse so lange rühren, bis eine dickschaumige Creme entsteht. Dabei nicht ungeduldig werden: Es kann bis zu zehn Minuten dauern! Den Teig in drei Portionen teilen. Restlichen Teig immer bis zur Verarbeitung in den Kühlschrank legen. Portionsweise messerrückendick ausrollen und mit einem Teil der Glasur den Teig gleichmäßig bestreichen. Mit einem Teigrädchen dann

Übrigens:

Auf der Suche nach einem Gebäck, das der bodenständige Österreicher an Weihnachten auf seinem Gebäckteller nicht missen möchte, war für meine Schwester und mich schon bald klar: Es sind »Butterstangerl«. Die gingen immer weg wie warme Semmeln – köstlich!

zirka 2 x 7 cm lange Streifen schneiden. Auf ein mit Backpapier ausgelegtes Blech legen und bei 180° C Umluft etwa 15 bis 18 Minuten backen. Die Glasur sollte nur leicht cremefarben sein. Pro Blech etwa 20 Stück.

Klosterkipferl

Rezept von Brigitte Geiger, Rechberghausen

400 g glattes Mehl
200 g geröstete und fein geriebene Haselnüsse
100 g Puderzucker
330 g Butter
80 g geriebene Schokolade
50 g Kakao
3 Eidotter
1 Päckchen Vanillezucker
abgeriebene Schale 1 Zitrone

Zum Tunken:
Schokoladenglasur

Aus den Zutaten einen Mürbteig kneten und kühl ruhen lassen. Dann kleine Kipferl formen und auf ein mit Backpapier belegtes Blech legen. Im vorgeheizten Backofen bei 180° C etwa 15 Minuten backen. Die Kipferl dürfen nicht zu dunkel werden, sonst schmecken sie bitter. Nach dem Abkühlen beide Enden in Schokoladenglasur tunken und trocknen lassen.

Übrigens:

Klosterkipferl kennt man in ganz Österreich. Sie sind zwar nicht der absolute »Brüller« unter den Weihnachtsplätzchen, aber sehr beliebt und traditionell. Probieren Sie einfach selbst! Das Rezept ist sehr ergiebig. Gezählt habe ich die einzelnen Klosterkipferl aber noch nie. Es kommt ja auch darauf an, wie groß sie geformt werden.

Österreich

Loferer Törtchen

Rezept von Martha Jochim, Oedheim

300 g Mehl
100 g geschälte, gemahlene Mandeln
125 g Puderzucker
1 Päckchen Vanillezucker
1 TL Backpulver
1 Prise Salz
225 g Butter
Mehl zum Ausrollen

Zum Verzieren:
60 g Puderzucker
1 Päckchen Vanillezucker
75 g Himbeermarmelade

Mehl, Mandeln, Puder- und Vanillezucker, Salz und Butter mit der Hand zu einem festen Teig kneten. Dann zugedeckt etwa dreißig Minuten in den Kühlschrank stellen. Den Teig auf einer bemehlten Arbeitsfläche etwa drei Millimeter stark ausrollen. Runde Plätzchen im Durchmesser von 6 cm ausstechen, außerdem gleich viele gleich große Ringe ausstechen. Plätzchen und Ringe auf mit Backpapier belegte Bleche legen und im vorgeheizten Ofen auf der mittleren Schiene bei 160 bis 180° C etwa 8 bis 10 Minuten hellgelb backen. Puderzucker und Vanillezucker mischen. Die Ringe noch warm in dieses Gemisch tauchen. Die Plätzchen auskühlen lassen, dann mit Himbeermarmelade bestreichen. Die Ringe mit der Zuckerseite nach oben auf die Plätzchen setzen. Die Loferer Törtchen am besten frisch servieren. Sie können auch in einer Dose aufbewahrt werden.

Mein Tipp:

Ich verwende gerne selbst gemachte Marmelade, zum Beispiel Himbeer-Brombeer- und Himbeer-Rhabarber-Marmelade. Beim Backen achte ich immer darauf, dass auf einem Blech gleich viele Plätzchen und Ringe sind. Die setze ich gleich nach dem Backen mit der selbst gemachten Marmelade zusammen und »pudere« die Törtchen dann sofort ein-, zweimal mit der Zuckermischung ein. Das ist einfacher als im Rezept beschrieben. Das Rezept ergibt etwa 35 bis 40 Stück.

Burgenländer Kipferl

Rezept von Doris Zimmer-Perko und Peter Dedecek, Steinheim an der Murr

400 g Mehl
250 g Butter
1 Prise Salz
1 Päckchen Trockenhefe
4 EL Milch (bei Bedarf mehr)
3 Eigelb

Für die Füllung:
250 g Puderzucker
3 Eiweiß
80 g geriebene Nüsse
 (bevorzugt Walnüsse)

Das Mehl mit Hefe und Salz mischen. Mit der weichen Butter, den Eigelben und der Milch schnell zu einem glatten Teig verkneten. Im Kühlschrank eine halbe Stunde ruhen lassen. Den Teig in vier gleich große Portionen teilen und jede davon dünn zu einem Rechteck ausrollen. Für die Füllung das Eiweiß mit Puderzucker über Wasserdampf aufschlagen, bis sich Wellen schlagen. Das Eiweiß auf den ausgerollten Teigstücken gleichmäßig verteilen, je eine Handvoll Nüsse darüber streuen und wie Biskuitrouladen dünn einrollen. Mit einer runden Ausstechform etwa 1 bis 1,5 cm dicke Scheiben abstechen und diese auf mit Backpapier ausgelegte Bleche legen. Die Kipferl im vorgeheizten Backofen bei 150° C etwa 20 bis 25 Minuten backen, so dass sie hellgelb bleiben. Nach dem Backen auskühlen lassen und genießen!

Übrigens:

Das Rezept ergibt je nach Stärke der Rolle etwa 20 bis 40 Stück.

Weihnachten international 1

Weihnachten woanders feiern als zu Hause? Käme mir nicht in den Sinn. Vielleicht am zweiten Weihnachtsfeiertag in den Urlaub fahren. Ok! Weil sonst die Urlaubstage knapp werden. Aber Heiligabend ins Ausland? Nie. Warum auch? Wo es bei uns um diese Zeit doch so schön und gemütlich ist. Man hat dann nach dem ganzen Weihnachtsstress endlich die Zeit, Vanillekipferl und Co. zu knabbern, auf dem Sofa zu lümmeln und in den nagelneuen Büchern zu lesen, die unterm Weihnachtsbaum lagen. Draußen ist es kalt und grau. Oder, wenn es gut läuft, sogar weiß und sonnig! Herrlich.

Meine Erfahrung in Sachen »Weihnachten international« ist also dementsprechend mager. Und mein Verlangen danach auch – nachdem ich schon einmal in der Adventszeit vor einigen Jahren für einige Tage im sommerlichen Südafrika war. Prunkvolle Weihnachtsbäume in den Einkaufspassagen, dazu tönt »Jingle Bells« und »White Christmas« aus den Lautsprechern. Christmas-Shopping bei knapp 30 Grad. Nun, das ist wirklich gewöhnungsbedürftig. Und echte Weihnachtsstimmung stellt sich da nur schwer ein. Dementsprechend – ich gestehe – skeptisch war ich anfangs, als die Idee aufkam, für unsere Landesschau-Weihnachtsaktion doch mal das Thema »Weihnachten international« aufzugreifen. Denn was kann schon besser sein als die Rezepte unserer Großmütter für duftende Zimtsterne, schokoladige Bärentatzen oder mürbes Buttergebäck? Allein der Stollen meiner Oma – sensationell!

Und da sind wir doch schon beim Thema: Weihnachten ist so verbunden mit Kindheitserinnerungen, mit leckeren Gerüchen und besonderen Erlebnissen, dass wir immer überzeugt davon sind, dass nur unsere Mutter oder Großmutter das beste

Rezept weiß. Nirgends sonst schmecken die Hildabrötchen so gut! Stimmt auch. Eben deshalb, weil wir immer auch die stimmungsvollen Weihnachtstage unserer Kindheit in den Plätzchen oder Gutsle schmecken. Und genau deswegen will ich auch weiterhin mein Vanillekipferl à la Oma. Bei Weihnachten muss man einfach parteiisch bleiben!

Aber warum nicht mal das Repertoire erweitern? Mit Rezepten, die von Kindheitstagen in Kroatien, Italien oder Amerika erzählen? Wie duftet Weihnachten in Übersee? Was backen die Mamas für ihre Familien dort, um Weihnachten zu einem besonderen Fest zu machen? Das hat mich schon sehr neugierig gemacht – und mich dann doch für die Idee begeistert. Und so war ich diesmal sogar ganz besonders gespannt, was für fremde Rezepte und unbekanntes Gebäck aus aller Herren Länder bei uns eintrudeln würden. Das große Back-Finale im Studio habe ich zwar nicht moderiert, deswegen auch nicht alles probieren können. Aber was ich gekostet habe, war oft weniger exotisch, als ich dachte, und schmeckte für mich mal mehr, mal weniger nach Weihnachten. War aber alles in allem sehr, sehr lecker. Gut – nicht ganz so gut wie der Christstollen meiner Oma ... Aber Sie wissen ja – das ist ein anderes Thema.

Annette Krause

Zimtsterne von Maria

Rezept von Annina Klarer, Ulm

10 Eiweiß
550 g Puderzucker
750 g geriebene Mandeln
2 TL Zimt
2 EL Kirschwasser

Für die Creme:
150 g Margarine
2 Eigelb
80 g Puderzucker
3 EL Zitronensaft

Für das Marzipan:
750 g geschälte, gemahlene Mandeln
500 g Puderzucker
1 EL Rosenwasser
2 Fläschchen Bittermandelöl
etwas Mineralwasser

Für den Schokoguss:
600 g Vollmilchkuvertüre
3 Rippen Kokosfett für Glasuren

Das Eiweiß steif schlagen, den Puderzucker dazugeben und weiterrühren. Mandeln, Zimt und Kirschwasser unterheben. Den Teig auf einem mit Mandeln und Puderzucker bestreuten Backbrett ausrollen und Sterne ausstechen. Dabei die Form hin und wieder in Wasser tauchen. Auf ein mit Backpapier belegtes Blech legen. Im vorgeheizten Backofen bei 220° C Unter- und Oberhitze etwa 7 Minuten backen. Für die Creme Eigelb und Margarine leicht schaumig rühren, dann Puderzucker und Zitronensaft dazugeben. Je nach Geschmack kann auch kalter Kaffee statt Zitrone verwendet werden. Für das Marzipan Mandeln, Puderzucker, Rosenwasser, Bittermandelöl und etwas Mineralwasser mit dem Rührgerät kneten, bis die Masse geschmeidig ist. Das Rosenwasser und das Bittermandelöl je nach Geschmack dosieren. Das Marzipan auf Puderzucker auswellen und eben-

Übrigens:

Das Rezept ergibt etwa 120 Stück. Es stammt von einer Familie Weigner, die als Kriegsflüchtlinge aus Südböhmen in unser Dorf gekommen ist. Wenn die Plätzchen bald gegessen werden, kann man auch Butter für die Creme verwenden.

falls Sterne ausstechen. Die abgekühlten Plätzchen mit der Creme bestreichen und auf jedes einen Marzipanstern setzen. Dann die Sterne nochmals abkühlen lassen, bevor die Oberseite in Schokoguss getaucht wird. Für den Guss Vollmilchkuvertüre und Kokosfett im Wasserbad oder in der Mikrowelle erwärmen.

Tschechien

Nussstangen

Rezept von Karin Lantzsch, Sachsenheim

200 g geriebene Haselnüsse
160 g Zucker
3 Eigelb
200 g Butter
210 g Mehl

Zum Bestreichen:
1 Ei

Alle Zutaten zu einem Teig vermengen. Daraus fingergroße Stangen formen und auf ein gefettetes Blech legen. Das Ei verrühren und die Stangen damit bestreichen. Im vorgeheizten Backofen bei 175° C Umluft zirka 20 Minuten goldgelb backen.

Übrigens:

Das Rezept ergibt etwa 70 Stück. Die Nussstangen sind unser Weihnachtsgebäck-Favorit. Sie sind ganz kinderleicht zu backen und schmecken uns seit vielen Jahren vorzüglich. Das Rezept habe ich noch in keinem Koch- oder Backbuch gefunden. Es wurde uns von der Schwiegermutter meines Bruders, die mit ihrer Familie 1945 aus der Tschechoslowakei fliehen musste, mündlich überliefert. Guten Appetit!

Böhmische Stangerln aus Gewürzbutterteig

Rezept von Herta Pfau, Leutenbach

150 g Butter
150 g feiner Zucker
2 Eigelb oder 1 ganzes Ei
1 TL Zimt
1 Prise gemahlene Nelken oder etwas Lebkuchengewürz
30 g geriebene Halbbitterschokolade
1 EL Arrak oder Rum
100 g geschälte, geriebene Mandeln
250 g Mehl

Zum Verzieren:
etwa 50 g abgezogene, gehackte Mandeln
etwa 100 g zerlassene Kuvertüre

Aus den Zutaten einen Mürbteig herstellen. Dazu Butter, Zucker und Ei schaumig rühren und nach und nach die anderen Zutaten zugeben, am Schluss das Mehl. Alles glatt kneten und eine Zeit kühl stellen. Dann die Hälfte der gehackten Mandeln als breiten Streifen auf einem Backbrett verteilen. Den Teig auf dem Mandelstreifen der Länge nach 1 cm dick auswellen. Dabei die andere Hälfte der Mandeln darauf verteilen und noch mal darüberwellen, damit sie fest anhaften. Dann den Teig in etwa 2 x 10 cm lange Streifen schneiden. Die Stangerln auf ein Blech legen und im vorgeheizten Ofen bei 180° C zirka 12 bis 15 Minuten backen. Nach dem Abkühlen eine Seite in die zerlassene Kuvertüre tauchen und trocknen lassen.

Übrigens:

Das Rezept ergibt etwa 50 bis 60 Stück. Ich habe es von einer Tante aus Böhmen, die es in der Zeit um 1935/1940 gebacken hat. Sie hat die Stangerl allerdings immer mit Walnüssen gemacht, da Mandeln damals schlecht zu bekommen waren. Ich selbst backe sie jetzt seit neun Jahren. Genauso wie ich sind auch meine Enkel ganz scharf darauf.

Weihnachten in Südmähren

Ich habe meine Kindheit in Südmähren (Böhmen-Mähren) in den Kriegsjahren des Zweiten Weltkriegs bis zum zwölften Lebensjahr verbracht. 1945 wurden wir aus der Heimat vertrieben, aber ich kann mich noch gut an die vor allem für uns Kinder bescheidenen Weihnachtsfeste erinnern. Wir bekamen wenig Geschenke, weil es nichts zu kaufen gab. Spiele oder Sonstiges wurden von den Eltern oft selbst hergestellt. Kreativität war da sehr gefragt. Da wir eine größere Landwirtschaft hatten, gab es zwar immer genug zu essen, aber eben nur das, was so ein Bauernhof hergab. Gewürze, Südfrüchte, Mandeln und ähnliche Sachen waren in den Geschäften damals kaum zu bekommen. Kurz vor Weihnachten wurde immer schon heimlich von den Müttern gebacken. Die Kinder wurden so lange zur Großmutter geschickt, damit sie nichts mitbekamen. Heute ist das natürlich ganz anders.

An Heiligabend gab es meistens eine Fastenspeise, wie es in katholischen Gegenden oft üblich war. Am Abend nach der traditionellen Christvesper wurde das erste Weihnachtsgebäck mit schwarzem Tee serviert, für die Erwachsenen gab es den Tee mit Rum und für die Kinder mit selbstgemachtem Himbeersaft. Gebacken wurden damals meist einfache Sachen aus Mürbteig, wie Ausstecher, Vanillekipferl und Gitterkuchen, ähnlich wie Linzer Torte, der dann in etwa 4 x 4 cm große Stücke geschnitten wurde. Meine Tante machte allerdings auch diese Nussstangen, die ich besonders gern mochte, weil sie so knusprig waren. Im Winter wurde außerdem noch ein bescheidenes Klezenbrot gebacken mit selbst im Holzbackofen getrockneten Klezen (Zwetschgen und Birnen). Weil es immer viel Schnee gab, nahmen die meisten Erwachsenen

zu Mitternacht einen Pferdeschlitten und besuchten noch im Nachbarort die Weihnachtsmette.

Am Weihnachtstag gab es bei den meisten Familien Geflügel, Gänse, Enten oder Hähnchen mit Kartoffelsalat, den man auch so machte wie im Schwabenland. Ansonsten wurde sehr viel Hefegebäck gebacken, wie Buchteln mit Mohn-, Zwetschgenmus- oder Quarkfüllung und vor allem Zibebengugelhupf. Da man damals auch kaum Kaffeebohnen bekam, tranken wir alle, auch wir Kinder, dazu den obligatorischen Malzkaffee, sehr stark und mit viel Milch. Natürlich gab es auch einen Weihnachtsbaum, der in einem ungeheizten Zimmer stand, damit er nicht so schnell nadelte. Er wurde von den Eltern mit edlen Glaskugeln geschmückt und für uns Kinder mit viel Zuckerzeug behängt, in dessen Genuss wir aber erst nach dem Erscheinungsfest kamen, wenn der Baum wieder abgebaut wurde, denn die Tür zu diesem Weihnachtszimmer war immer verschlossen. Man hatte keine Möglichkeit, sich vorher etwas davon zu holen.

Bečar-Schnitten

Rezept von Marija Marić, Stuttgart

1 Packung Waffelblätter
   (ca. 30 x 40 cm)

Für die 1. Füllung:
200 g gemahlene Walnüsse
150 g Puderzucker
100 ml Milch
2 TL Rum

Für die 2. Füllung:
4 Eigelb
100 g Zucker
ein wenig Zitronensaft
150 g Butter

Für die 3. Füllung:
200 g getrocknete Feigen
150 g Rosinen
150 g Puderzucker
Saft und abgeriebene Schale einer großen Orange

Für die erste Füllung Walnüsse und Puderzucker in der Milch aufkochen. Dann den Rum dazugeben und die Masse abkühlen lassen. Für die zweite Füllung Eigelb, Zucker und Zitronensaft gut vermengen und über dem heißen Wasserbad schlagen, bis die Masse fester wird. Abkühlen lassen und dann die Butter zugeben und unterrühren. Für die dritte Füllung Feigen und Rosinen klein hacken. Die restlichen Zutaten dazugeben und gut vermengen. Füllung eins auf ein Waffelblatt streichen. Mit einem Waffelblatt abdecken und auf dieses die zweite Füllung streichen. Wiederum mit einem Waffelblatt abdecken und jetzt Füllung 3 auftragen. Das Ganze mit einem Waffelblatt abdecken, dann beschweren und über Nacht fest werden lassen. Am nächsten Tag in 1,5 x 6 cm große Streifen oder Rauten schneiden.

Übrigens:

Das Rezept ergibt etwa 80 Stück. Ich habe es von meiner Oma. Schon als Kind habe ich die Schnitten zusammen mit ihr gebacken. Bečar-Schnitten sind sehr beliebt in Slawonien und im kontinentalen Kroatien. Sie werden nicht nur zu Weihnachten, sondern auch zu hohen Familienfesten zubereitet.

Kroatien

Haselnussstäbchen

Rezept von Marija Marić, Stuttgart

100 g gemahlene Haselnüsse
3 EL Zucker
3 EL Paniermehl
3 EL saure Sahne
2 EL Butter

Für die Verzierung:
1 Eiweiß
50 g Zucker

Alle Zutaten zu einem Teig verkneten. Die Masse mit einem Nudelholz auswellen und 7 cm lange Streifen ausschneiden. Auf ein mit Backpapier belegtes Blech legen. Das Eiweiß und den Zucker über dem Wasserbad mit dem Rührgerät steif schlagen. In eine Spritztülle füllen und jedes Stäbchen mit einem Streifen Eiweiß überziehen. Im vorgeheizten Backofen bei 100° C 30 Minuten trocknen lassen.

Übrigens:

Das Rezept ergibt etwa 30 Stück. Ich habe es von Kristina Čićek, die aus Vukovar (Slawonien) stammt. Sie hat es noch von ihrer Oma. Seit etwa 50 bis 70 Jahren backen sie die Haselnussstäbchen schon in ihrer Familie. Es ist ein typisches Gebäck für das kontinentale Kroatien.

Schoko-Kirsch-Kugeln

Rezept von Marija Marić, Stuttgart

100 g Zucker
100 g geriebene Blockschokolade
200 g gemahlene Haselnüsse
1 Eiweiß
1 Glas Schattenmorellen

Zum Wälzen:
Zucker

Zucker, Blockschokolade, gemahlene Haselnüsse und Eiweiß zu einer Masse verkneten. Die Kirschen abgießen und abtropfen lassen. Jeweils eine Kirsche mit der Masse umwickeln und eine Kugel daraus formen. Die Kugeln in Zucker wälzen.

Übrigens:

Das Rezept ergibt etwa 50 Stück. Ich habe es von Kristina Čićek, die aus Vukovar (Slawonien) stammt.

Die Rezepte für die Bećar-Schnitten, die Schoko-Kirsch-Kugeln und die Haselnussstäbchen stammen von der Frauengemeinschaft »Katarina Zrinski«. Wir sind ein loser Bund kroatischer Frauen, teils hier in Deutschland geboren und aufgewachsen, teils vor ein paar Jahren zugewandert, und haben uns spontan dazu entschlossen, mit verschiedenen kroatischen Weihnachtsplätzchen beim Landesschau-Wettbewerb mitzumachen.

Orehnjaca (Walnusskuchen)

Rezept von Carmen Ott, Mühlacker

500 g Mehl
80 g Zucker
1 TL Salz
250 ml Milch
25 g Hefe
80 g Butter
2 Eier
1 Päckchen Vanillezucker
1 TL abgeriebene Schale einer Zitrone

Für die Füllung:
300 g gemahlene Walnüsse
80 g Zucker
1 Päckchen Vanillezucker
1 Ei
250 ml Milch
50 g Rosinen
2 TL Honig
2 EL Rum

Für den Teig Mehl, Zucker und Salz vermengen. Die Hefe in der lauwarmen Milch auflösen und über die Mehlmischung gießen. Die weiche Butter, die Eier, Vanillezucker und abgeriebene Zitronenschale dazugeben und den Teig auf einer mit Mehl bestreuten Arbeitsfläche gut durchkneten. Danach dreißig Minuten zugedeckt an einem warmen Ort gehen lassen. Für die Füllung die Milch lauwarm werden lassen und dann alle Zutaten damit verrühren. Den Teig in zwei gleich große Stücke teilen und diese quadratisch ausrollen. Die zwei Teigquadrate jeweils mit der Hälfte der Walnussmasse bestreichen und aufrollen. Die gefüllten Teigrollen auf ein gefettetes Backblech legen und zehn Minuten gehen lassen. Danach im vorgeheizten Backofen bei 200° C (Umluft 180° C) 45 Minuten backen. Nach dem Abkühlen mit Puderzucker bestreuen. Für den Gebäckteller in Scheiben schneiden.

Übrigens:

Das Rezept habe ich von meiner Mutter. Es ist ein altes kroatisches Gebäck, das an Weihnachten in keiner Familie fehlen darf. Weil man für die Füllung Walnüsse braucht und in jedem kroatischen Bauernhof und sogar in jedem kleinen Garten ein Walnussbaum steht, backt man den Walnusskuchen auch im Herbst und Winter, wenn es viele Walnüsse gibt.

Weihnachten in Kroatien

Die Vorbereitungen auf Weihnachten beginnen mit Geschenkbräuchen, die mit dem Nikolaustag (6. Dezember) und dem Tag der heiligen Lucija (13. Dezember) zu tun haben und bereits seit dem 11. Jahrhundert gepflegt werden. Am Tag der heiligen Lucija ist es Brauch, dass jemand, der in ein weißes Laken eingehüllt ist, von Haus zu Haus geht und den Kindern getrocknete Feigen, Mandeln, Nüsse und Äpfel schenkt oder aber die vorlauten Kleinen erschreckt. Ungezogene Kinder finden unter ihrem Kopfkissen eine Rute, die sie ermahnen soll, sich zu bessern. In der heutigen Zeit übernimmt diese Aufgabe der heilige Nikolaus, der in die Stiefel der Kinder Süßigkeiten steckt, während sein Gehilfe Krampus die Ruten verteilt. Das alte traditionelle Weihnachtsgeschenk in Kroatien waren verzierte Äpfel, die man božićnica (von kroatisch: božić = Weihnachten) nannte. Die Mädchen bekamen diese von den jungen Männern geschenkt.

Ein Brauch, der sich bis heute erhalten hat, ist das Säen von Weihnachtsweizen als Symbol der Erneuerung des Lebens und der Fruchtbarkeit. Am 13. Dezember, dem Tag der Heiligen Lucija, werden Weizenkörner in eine flache Schale gesetzt und gegossen. Bis zum Heiligen Abend treibt der Weizen grün aus, etwa zehn Zentimeter hoch. Das sieht aus wie Gras. Am Heiligen Abend wird er dann mit einem Band aus den kroatischen Nationalfarben rot-weiß-blau locker zusammengebunden. Dann kommt eine Kerze hinein. Sie wird zum Abendessen angezündet.

Für den kroatischen Weihnachtsabend sind drei alte Bräuche typisch: drei große Holzscheite, das Stroh und das Krippenbauen. Die drei großen Holzscheite trug man früher an Heiligabend ins Haus und legte sie in den Kamin – ein Symbol der Dreifaltigkeit. Mit der Glut dieser Holzscheite zündete man alle Kerzen im Haus an. Den glimmenden Holzscheiten opferte man normalerweise ein wenig Essen und Wein vom Weihnachtstisch. Man glaubte, dass das Feuer der großen Holzscheite dem ganzen Haus und allen seinen Bewohnern nur Gutes bringen würde. Stroh hat sich als Weihnachtssymbol deutlich länger als die Holzscheite gehalten. Der Augenblick, in dem das Stroh normalerweise durch den Hausherrn ins Haus gebracht wurde, kennzeichnet den offiziellen Beginn der Weihnachtsfeiertage.

Das Stroh breitete man unter anderem unter dem Tisch auf dem Boden aus, ein kleinerer Teil wurde auf den Tisch gelegt, der dann mit einer Tischdecke feierlich geschmückt wurde. Aus einem Teil der Ähren machte man Gebinde oder aber Kränze. Nach dem Abendessen setzten sich die Hausbewohner ins Stroh und unterhielten sich dort, bis es Zeit war, zur Kirche zu gehen. In einigen Landesteilen schlief man in der Weihnachtsnacht nicht im Bett, sondern auf dem Stroh. Das Verstreuen des Strohs auf dem Boden war ein Zeichen für die Geburt Christi im Stall, während die Symbolik der Gebinde und Kränze mit der Idee der Fruchtbarkeit zusammenhängt.

Die handgearbeitete Krippe oder die aus Karton, die man unter den Weihnachtsbaum stellt, erinnert an die Nacht, in der Christus geboren wurde. Früher hat man die Krippen aus Gips hergestellt; hölzerne Krippen oder Krippen aus Ton fand man nur in den Kirchen. Es war eine Frage der Ehre, möglichst große Krippen anzufertigen.

So vielfältig wie die regionale Küche in Kroatien, so verschieden sind auch die Gerichte, die dort an Weihnachten auf den Tisch kommen. Meistens ist ein großer Braten Mittelpunkt eines weihnachtlichen Menüs. In Slawonien und Zagorje gibt es oft Spanferkel, in Međimurje Entenbraten mit Buchweizenfüllung. Im dalmatinischen Hinterland ist es wichtig, dass etwas »Fliegendes« – also Pute oder Huhn – zu diesem Anlass auf den Tisch kommt, aber auch Schweinefleisch und Lamm wird an Weihnachten gegessen.

In Dalmatien bildet traditionell eine Pašticada das Hauptgericht, also ein marinierter Rinderbraten, der langsam und lange geschmort wird. Rezepte dafür gibt es viele, aber immer gehören Speck, Knoblauch, Karotten, Sellerie und Nelken, vielleicht noch getrocknete Pflaumen dazu. Manche nehmen auch Kalbfleisch für dieses Gericht. Das Fleisch sollte mindestens eine Nacht lang in einer Marinade aus Essig und den Gewürzen durchziehen.

Viele dieser Bräuche werden heute von den Kroaten gepflegt, die nach Deutschland oder in andere Länder der Welt ausgewandert sind – auch in der zweiten, dritten und weiteren Generationen.

Ungarn

Mürbe Nussbörnchen

Rezept von Anni Hahn, Asperg

500 g Mehl
250 g Margarine oder Süßrahmbutter
70 g Zucker
2 Päckchen Vanillezucker
1 Ei
2 Eigelb
½ Tasse warme Milch
1 Würfel Hefe

Für die Füllung:
150 g Zucker
2–3 EL Milch
200 g gemahlene Walnüsse,
   Mandeln oder Haselnüsse
1 geriebener Apfel
Rum nach Belieben

Zuerst die Füllung vorbereiten. Dazu Zucker und Milch zu einem klebrigen Sirup kurz aufkochen. Mit den Nüssen und dem geriebenen Apfel zu einem streichfähigen Mus vermengen. Wer möchte, kann die Füllung mit Rum geschmacklich verändern. Für den Teig die Hefe in der warmen Milch auflösen. Das Mehl in eine Rührschüssel geben, in die Mitte eine Vertiefung drücken, die Hefe hineinschütten, leicht mit dem Mehl vermischen und gehen lassen. Dann die Eier mit dem Zucker in einer Tasse verrühren und zugeben. Mit der Margarine oder Süßrahmbutter zu einem glatten Knetteig verarbeiten. Jetzt nicht mehr gehen lassen. Den Teig in acht Häufchen teilen und diese jeweils zu einem Kreis auswellen. Die Kreise mit einem Teigrädchen achteln und auf jedes Achtel knapp einen Teelöffel Füllung geben. Die Füllung etwas verstreichen und die Achtel von außen nach innen aufrol-

Übrigens:

Das Rezept ergibt etwa 64 Stück. Ich habe es von der Mutter der zweiten Frau meines Schwiegervaters, die in Asperg mit uns zusammenlebte. Wir nannten sie die »Große Oma«. Sie war Heimatvertriebene aus Ungarn. Eigentlich heißt das Gebäck »Nusskipfel«.

len. Aus den Rollen Hörnchen formen, auf ein gefettetes Blech legen und im vorgeheizten Backofen bei 150 bis 170° C etwa 20 Minuten hell ausbacken. Nach dem Erkalten mit Puderzucker bestäuben.

Klari-Bretle

Rezept von Maria Staiger, Aalen

Für den Boden:
250 g Mehl
120 g Butter
100 g Puderzucker
1 Ei
½ Päckchen Backpulver

Für die Hütchen:
800 g gemahlene Nüsse oder Mandeln
800 g Puderzucker
4 Päckchen Vanillezucker
60 g Kakao
150 ml Espresso (flüssig)
6 cl Rum

Zum Füllen:
Johannisbeergelee (oder Marmelade nach Belieben)
1 Glas Kirschen, gut abgetropft!

Für den Boden Mehl, Butter, Puderzucker, Ei und Backpulver zu einem Teig kneten und dünn mit einem Nudelholz auswellen. Mit der Backform für die Hütchen (einer runden Form mit etwa 5 cm Durchmesser) Kreise aus der Teigplatte ausstechen, auf ein mit Backpapier belegtes Blech legen und bei 180° C etwa 9 Minuten backen. Für die Hütchen Nüsse oder Mandeln, Puderzucker, Vanillezucker, Kakao, Espresso und Rum mit der Hand zu einem festen, nicht zu weichen Teig kneten und Kugeln daraus formen. Dabei ist darauf zu achten, dass der Teig nicht zu trocken oder zu feucht wird. Nun die Hütchenform innen mit Puderzucker bepinseln und eine Teigkugel in die Form drücken. Dabei in der Mitte ein Loch formen. Auf die Plätzchen für den Boden Marmelade streichen. Das Hütchen aus der Form klopfen, die gut abgetropfte Kirsche hineinlegen und auf den bestrichenen Boden setzen.

Übrigens:

Das Rezept ergibt etwa 90 bis 100 Stück. Die Originalform für die Hütchen bekommt man nur in Ungarn. Es geht aber auch mit einem Schnapsglas, einem Eierbecher oder ganz ohne Hilfsmittel, nur mit Puderzucker bestäubten Händen.

Bunicas Walnussplätzchen (Omas Walnussplätzchen)

Rezept von Elisabeth Mayer, Leutkirch im Allgäu

200 g Butter
120 g Zucker
1 Prise Salz
1 Gläschen Kirsch- oder Zwetschgenschnaps
100 g fein gemahlene Walnüsse
250 g Mehl

Zum Zusammensetzen:
Kirschgelee

Zum Verzieren:
150 g Puderzucker
etwas Wasser
2 TL Kirschgelee

Butter, Zucker, Salz und Schnaps vermengen und glattrühren. Walnüsse und Mehl einarbeiten und den Teig zwei Stunden kalt stellen. Danach dünn auswellen. Plätzchen in beliebiger Form ausstechen, auf ein mit Backpapier belegtes Blech legen und im vorgeheizten Ofen bei 180 bis 190° C etwa 10 bis 12 Minuten backen. Auf einem Rost auskühlen lassen. Anschließend jeweils zwei Plätzchen mit Kirschgelee zusammensetzen. Aus Puderzucker und Wasser einen Zuckerguss rühren und die Plätzchen damit glasieren. Wer mag, kann dem Zuckerguss etwas Kirschgelee beimischen.

Übrigens:
Das Rezept ergibt je nach Größe der Ausstecherle etwa 35 bis 40 Stück. Meine Schwiegertochter hat es aus ihrer Heimat Rumänien mitgebracht.

Konische Schaumrollen

Rezept von Elisabeth Bingert, Kirchdorf an der Iller

3 Eier
3 EL Zucker
3 EL Öl
Mehl nach Bedarf

Zum Verzieren:
Puderzucker oder Schokolade

Zum Füllen:
Schlagsahne

Die Eier trennen. Das Eiweiß steif schlagen. Dann Eigelb und Zucker schaumig schlagen und nach und nach das Öl darunterrühren. Das steife Eiweiß unterheben und so viel Mehl zu der Mischung geben, bis der Teig eine Festigkeit erreicht hat. Dann den Teig dünn ausrollen und in 1,5 cm breite Streifen schneiden. Die Streifen auf spezielle Schaumrollenformen aufrollen. Das Ende ein wenig festdrücken. Im heißen Fett zirka 2 bis 3 Minuten goldgelb ausbacken. Zum Schluss mit Puderzucker bestäuben oder die Enden mit Schokolade bestreichen. Die Sahne steif schlagen und die Teigrollen damit füllen. Fertig sind die Schaumrollen.

Übrigens:

Das Rezept ergibt etwa 45 Stück. Wir sind Donauschwaben und haben das Rezept aus unserer Heimat, dem Banat in Rumänien, mitgebracht. Es wurde dort von vielen zu Hause gebacken. Woher das Rezept für diese Schaumrollen aber wirklich kommt, wissen wir nicht. Im Unterschied zu den »richtigen« Schaumrollen sind sie nicht aus Blätterteig und werden auch nicht im Ofen gebacken. Die Backformen für dieses Rezept können Sie auch in Deutschland kaufen. Zum Beispiel über das Internet, Suchbegriff: »konische Schaumrollen«.

Moldawien/Ukraine

Bessarabische Lebkuchen

Rezept von Hildegard Dürr,
Weil der Stadt

500 g Honig
500 g Butter
500 g Zucker
2 Eier
1 Tasse Milch
2 EL Zimt
1 Päckchen Hirschhornsalz (etwa 15 g)
1 Päckchen Lebkuchengewürz
1 Päckchen Backpulver
etwa 1200–1300 g Mehl

Zum Bestreichen:
Schokoglasur

Das Hirschhornsalz in etwas Milch auflösen. Honig, Butter und Zucker zusammen kurz aufkochen. Dann die restlichen Zutaten in die etwas abgekühlte Masse einrühren. Es entsteht ein leicht zäher Teig. Diesen auf zwei gefettete Backbleche streichen. Mit angefeuchteten Händen geht das am besten. Im vorgeheizten Backofen bei etwa 175 bis 180° C Ober-/Unterhitze zirka 30 Minuten backen. Das Ganze dabei im Auge behalten, denn der Teig bräunt sehr schnell. Noch warm mit Schokoglasur bestreichen und nach dem Erkalten in kleine Rauten oder Vierecke schneiden.

Übrigens:

Das Rezept ergibt etwa 50 Stück. Wenn man die Lebkuchen etwas würziger möchte, nimmt man einfach ein paar Gramm Lebkuchengewürz mehr.

Weihnachten in Bessarabien

Meine Vorfahren stammen aus Bessarabien. Ganz früher gab es dort keinen Adventskranz, erst in den Dreißigerjahren tauchte er vereinzelt auf. Die Weihnachtsbäume konnte man erst kurz vor dem Fest bekommen. Bessarabien war Steppe, es gab keine Tannen. Die Bäume kamen aus dem inneren Russland, später aus den rumänischen Karpaten. Für die Kinder gab es keinen Adventskalender. Mit Kreidestrichen wurden die Tage bis zum Fest vorgemerkt. Jeden Tag durfte ein anderes Kind einen Strich wegwischen. In Bessarabien gab es viele Kinder in den Familien. Meine Oma Margarete, von der das Lebkuchenrezept stammt, hatte neun Kinder. Lange vor dem Fest strickten, nähten, häkelten die Mütter mit den großen Töchtern Geschenke. Socken, Strümpfe, Pullover – alles, was man das Jahr über so brauchte.

Auch die Männer fertigten zum Fest Dinge für den Alltag an: Blumenständer, Kleiderrechen, Hackbretter und vieles mehr. Die Menschen konnten fast alles selber herstellen, es gab kaum Möglichkeiten, solche Dinge zu kaufen. Außerdem war das Geld knapp. Eines muss man noch betonen: Die gegenseitige Hilfe bei fast allen Arbeiten war in Bessarabien selbstverständlich. Die Menschen waren aufeinander angewiesen. Deshalb ist heute noch die Gastfreundschaft unter den Bessarabern legendär. Das haben auch die Nachkommen zum großen Teil übernommen.

Die meisten Bessaraber waren Bauern. Vor Weihnachten kam der Hausmetzger. Gänse, Enten und Schweine wurden geschlachtet. Schweinefleisch wurde in Gläser eingekocht, Wurst und Schinken geräuchert und Gänsebrust durfte in keinem Haus fehlen. Schließlich kamen über die Weihnachtstage viele Verwandte zu Besuch. Sogar die minderwertigen Fette wurden verwertet: Aus ihnen wurde Seife gekocht.

Bessarabische Hausfrauen waren bekannt für ihre Backkünste. Sie konnten auch mit wenig etwas Gutes herstellen. Den Spruch bei Rezepten: »man nehme, so man hat«, kenne ich von meiner Mutter. Lebkuchen, Schnitzbrot, Hutzelbrot und zehn bis zwölf verschiedene »Baigala« (so wurde das Weihnachtsgebäck in Bessarabien genannt) wurden gebacken. Butter-S, Zimtsterne, Pfefferminzbrötla, Anisbrötla, Durchdrehte, Ausstecherle, um nur ein paar zu nennen.

Für das Hutzelbrot mussten im Herbst die Zwetschgen und Äpfel gedörrt werden. Das geschah in großen Holzbacköfen, die extra eine Dörrvorrichtung hatten. Wenn ein Gebäck etwas die Form verloren hatte und unansehnlich war, dann bekamen die Kinder diese »Ofakrüppela«. Es gab kaum etwas zum Naschen, deshalb war diese Leckerei sehr begehrt. Auch wurden die alten Menschen nicht vergessen. Jedes Jahr bekamen die Altenheime zwei bis drei Waschkörble voll mit Baigala zum Geschenk. Auch für die landwirtschaftlichen Helfer auf den Bauernhöfen wurden körbeweise Baigala gebacken und verschenkt.

Am 21. Dezember war Feiertag, das war der Tag des Apostels Thomas. Es war der »Poppelesfeiertag«. Die Frauen nähten für ihre Kinder neue Puppenkleider und fertigten auch Puppen an. Nur der Puppenkopf wurde gekauft, alles andere wurde selbst gemacht. Es waren sehr einfallsreiche, geschickte Menschen, die aus wenig etwas machen konnten. Die Väter bastelten für ihre Kinder Puppenwiegen, Schaukeln, Schaukelpferde, Puppenwagen und vieles mehr.

Mittags am Heiligen Abend wurde das Christkindle fortgetragen, das heißt, die Kinder mussten den Patenkindern ihrer Eltern die Weihnachtsgeschenke bringen, Grüße ausrichten und einladen. Inzwischen waren zu Hause die Geschenke der Paten angekommen. Die Mutter nahm sie in Empfang und brachte sie in die gute Stube. Das war der geheiligte Raum, der durfte nicht betreten werden. Um sechs Uhr abends war Gottesdienst. Alles, was laufen konnte, ging in die Kirche. Die bessarabischen Menschen waren sehr gläubig und gottesfürchtig. In der Kirche war ein Weihnachtsbaum aufgestellt. Das Fest wurde von einem Bläserchor begleitet und die Gemeinde sang mit Inbrunst: »Dies ist die Nacht, die mir erschienen / Des großen Gottes Freundlichkeit / Das Kind, dem alle Engel dienen / Bringt Licht in unsre Dunkelheit / Und dieses Welt- und Himmelslicht / Weicht hunderttausend Sonnen nicht.«

Dazu muss man sagen, die Menschen waren sehr gesellig und sangen bei jeder Gelegenheit. Nach dem Gottesdienst zu Hause las der Vater das Weihnachtsevangelium vor und es wurden die üblichen Weihnachtslieder gesungen. Bevor es Geschenke gab, mussten die Kinder der Reihe nach jedes ein Gedicht aufsagen. In Bessarabien kam das Christkind verschleiert und ganz in Weiß. Wenn es in den Häusern erschien, mussten die Kinder ein Gebet aufsagen. Während draußen die das Christkind begleitenden Jugendlichen das Lied »Vom Himmel hoch da komm ich her« sangen. Dazwischen konnte man die tiefe Stimme des Pelzmärte hören, der laut mit den Ketten rasselte und die Kinder in Angst und Schrecken versetzte. Ein Nikolaus war nicht bekannt.

Am Weihnachtsmorgen wurden die Kinder nochmal beschenkt, und zwar beim Kindergottesdienst. Der Lehrer und der Kirchenvorsteher teilten Bleistifte, Lesehefte, Hefte und etwas zum Naschen aus. Am Abend des ersten Weihnachtstags wurde in der Kirche von den Schülern ein Krippenspiel aufgeführt. Es wurde gesungen und mit Weihnachtsgedichten begleitet. Für die Gemeinde und die Eltern war das etwas ganz Besonderes. Über die Feiertage wurde die Verwandtschaft gepflegt. Man besuchte sich gegenseitig. Es gab viel und gutes Essen.

Griechenland

Griechisches Weihnachtsgebäck

Rezept von Sonja Baumgart, Pforzheim

375 g Mehl
125 g gemahlene Mandeln
1 Ei
1 Eigelb
2–3 EL Ouzo
250 g Margarine
150 g Zucker
1 Päckchen Vanillezucker
1 Prise Salz

Zum Verzieren:
100 ml Rosenwasser
Puderzucker

Aus Mehl, Mandeln, Ei, Ouzo, Margarine, Zucker, Vanillezucker und Salz einen Knetteig herstellen und etwa zwei Stunden kalt stellen. Danach zu walnussgroßen Kugeln formen. Diese auf ein mit Backpapier ausgelegtes Blech setzen und im vorgeheizten Backofen bei 160° C Heißluft etwa 15 bis 20 Minuten backen. Nach dem Backen mit Rosenwasser bestreichen und mit Puderzucker bestäuben.

Mein Tipp:

Man kann das Gebäck auch mit Butter machen, mit Margarine wird es aber geschmeidiger. Das Rezept ergibt etwa 80 Stück.

Weihnachten international 2

Ich muss gestehen, auf unsere SWR Landesschau-Aktion »Weihnachten international« war ich richtig neugierig. Weihnachten war bei mir immer sehr stark geprägt von zu Hause, von eigenen Traditionen. Alles musste auch für uns Kinder immer genauso laufen wie jedes Jahr. Also war ich mal sehr gespannt, was in anderen Nationen an Weihnachten so gegessen wird. Schließlich kenne ich unsere Zuschauer – und ich wusste: Das wird spannend und interessant. Wir haben inzwischen so viele Menschen hier bei uns in Baden-Württemberg, die entweder in aller Welt Urlaub machen (auch an Weihnachten) oder die familiäre Bezüge in andere Länder haben – da war klar: Es wird viele interessante und abwechslungsreiche Einsendungen geben.

Und so war's dann auch. Manche Gebäckstücke, die ich im Studio hatte, waren auf den ersten Blick so ungewöhnlich, dass ich ganz genau hingeschaut, dran gerochen und mich nach den Zutaten erkundigt habe. Aber da ich ja ein (Fast)-Alles-Esser bin, hatte ich auch kein Problem damit alles zu probieren. Und was soll ich sagen: Es hat sich gelohnt. Ich hätte mich sehr schwer getan, einen Favoriten zu bestimmen. Besonders toll fand ich diesmal, dass meine Kollegin Sibylle Möck einige der Einsenderinnen zu Hause besucht hat. Das war für mich ein Highlight der ganzen Aktion: Nicht einfach nur Weihnachtsgebäck probieren und bewerten, nein, selber dort sein und miterleben, wie gebacken wird, etwas über die anderen Traditionen erfahren – das war der Sinn der Aktion, und der hat sich mit dem Besuch bei den Familien natürlich am allerbesten vermittelt.

Und dann kam das Finale – und ich durfte es moderieren. Ich muss sagen, die Jury hat ihren Job sehr ernst genommen. Da wurde wirklich viel probiert, diskutiert, und es war deutlich zu spüren, dass sie sich nicht immer in allem einig waren. Die Geschmäcker sind eben verschie-

den. Aber eine gute Jury zeichnet sich eben auch dadurch aus, dass man einen Sieger findet – und das haben sie toll hinbekommen. Ich hätte nicht in ihrer Haut stecken mögen. Alle Plätzchen-Finalisten waren so lecker! Die Walnussplätzchen aus Rumänien in Blattform sahen einfach toll aus und schmeckten perfekt – aber ich finde, die Zimtsterne waren ein würdiger Sieger. Boah, waren die gut!

Und trotzdem. Weihnachten ist für mich wie kaum ein anderes Fest geprägt von Erinnerungen und Traditionen. Und das heißt: Es kann zwar gut sein, dass ich mal einen dieser leckeren internationalen Kekse nachbacke, aber zu Weihnachten, da brauche ich auch mein Buttergebäck, die Vanillekipferl, die Spekulatius, das Sandgebäck – da bin ich einfach Romantiker!

Jürgen Hörig

Buccellati – Sizilianisches Weihnachtsgebäck

Rezept von Caterina Brancato, Tübingen

500 g Mehl
150 g Zucker
150 g Butter
eine Prise Vanillezucker
1 Päckchen Trockenhefe
150 ml kaltes Wasser
4 EL Honig

Für die Füllung:
400 g getrocknete Feigen
50 g geschälte, gehackte Mandeln
abgeriebene Schale 1 unbehandelten Orange
1 Messerspitze Zimt
1 Gewürznelke
ein paar EL Wasser

Zum Verzieren:
bunte Zuckerstreusel
Puderzucker

Aus Mehl, Zucker, Butter, zwei Esslöffeln Honig, einer Prise Vanillezucker, Hefe und kaltem Wasser einen Teig kneten. Den Teig in Frischhaltefolie wickeln und eine halbe Stunde im Kühlschrank ruhen lassen. Für die Füllung die getrockneten Feigen fein hacken. Mit den Mandeln, der abgeriebenen Orangenschale, dem Zimt und der Gewürznelke mischen. Die Mischung in eine Pfanne geben, den restlichen Honig hinzufügen und das Ganze einige Minuten warm werden lassen, dabei ein paar Esslöffel Wasser dazugeben. Dann den Herd ausmachen und die Masse abkühlen lassen. Den Hefeteig nicht zu dünn auswellen und in 10 x 5 cm große Rechtecke schneiden. Auf jedes Rechteck einen

Übrigens:

Das Rezept ergibt etwa 20 Stück. Ein Tipp für Menschen mit Weizen- und Laktose-Intoleranz: Backen Sie die Buccellati mit Dinkelmehl und ohne Butter.

Esslöffel der Füllung geben und es dann zu einer kleinen Rolle aufrollen. Aus den Rollen kleine Bogen formen. Diese auf ein mit Backpapier belegtes Blech legen und mit einem Messer kleine Schlitze in die Buccellati schneiden. Mit den bunten Zuckerstreusel verzieren. Im vorgeheizten Ofen bei 220° C Umluft 10 Minuten lang backen. Nach dem Abkühlen mit Puderzucker bestäuben. Frohe Weihnachten – buon Natale!

Meine Leidenschaft für die »arte culinaria« – die Kochkunst – habe ich von meiner Urtante »Zia Enrichetta« geerbt. Ich backe Buccellati und andere sizilianische Spezialitäten, seit ich in Deutschland lebe und die typischen Gerichte meiner Heimat vermisse. Meine schwäbische Amore Dieter ist der begeistertste Fan meiner (nicht immer gelungenen) Experimente, zusammen mit den deutschen Verwandten Barbara, Hans, Ute, Chris und Florian, die meine Mischungen aus der sizilianisch-schwäbisch vegetarischen Küche, wie die »Tofu-Pasta al forno«, immer wieder kosten. Dazu gehören auch meine tollen Nachbarn Monika, Volker, Jule, Max und Ben, die immer im Einsatz sind, um zu testen und natürlich zu loben. Die wichtigste italienische Bestätigung bekomme ich von meinen Freundinnen Franca aus Friaul und Elisabetta aus Rom und ihren Familien. Weitere begeisterte Abnehmer sind meine Arbeitskollegen an der Uni Tübingen, mit denen ich an Weihnachten die »Buccellati« gegen deutsche Köstlichkeiten tausche.

Paradoxerweise habe ich das Rezept für die Buccellati von einer sehr guten Freundin, Uli, die Deutsche ist, aber in Palermo wohnt. Seit Jahren tauschen wir Impressionen und Tipps aus unseren beiden Ländern aus. Die »Buccellati« sind sehr alt. Ihr Name kommt aus dem Lateinischen von »bucca« (Mund), weil sie so lecker sind. Man kann sie auch als große Kuchen in Form eines Ringes backen. In diesem Fall gilt, je größer der Ring, desto mehr Glück wird er bringen.

Eine meiner stärksten Erinnerungen an die Weihnachtszeit (»Natale«) in Palermo ist der riesige Kaktus, der in einem Topf auf unserer Terrasse stand und den meine Mutter Licia immer an Weihnachten mit bunten Glaskugeln und Lametta dekoriert hat. Ich habe drei Brüder und damals haben wir alle vier zusammen die »Presepe« (Krippe) gebaut. Mein Bruder Vanni besaß einen Spielzeug-VW-Käfer mit Batterien, der die hinteren Räder bewegte und aus dem Auspuff rauchte. Den hat er senkrecht mit dem Auspuff nach oben hinter der Krippe aufgestellt und mit Papier bedeckt: eine sehr realistische Darstellung eines Vulkans samt Erdbeben. Denn 1968 hatte es in der Nähe von Palermo ein schlimmes Erdbeben gegeben. Die kleinen Brüder Enrico und Simone hatten dann die wichtige Aufgabe, die vielen umgefallenen Figuren (Schäfer und Schafe) immer wieder am richtigen Platz aufzustellen.

In der Zeit zwischen »la Madonna« (Anfang Dezember) und Weihnachten, oft am Abend nach dem Essen, haben die Leute in meinem Bekanntenkreis zusammen Karten gespielt, und dazu gab es immer auch »Buccellati« und »Scaccio« (eine Mischung aus Haselnüssen, gesalzenen Kürbiskernen, gerösteten Mandeln und Kichererbsen). Das beste Essen von Palermo an Heiligabend gab es meiner Erinnerung nach bei unserer Freundin »Signora Erminia«. Sie hat alle Verwandten und Bekannten zu sich eingeladen und jeder hat etwas zum Essen mitgebracht. So gab es immer genau 33 Gerichte, so viele, wie Jesus an Jahren zählte.

Traditionell werden bei uns in Sizilien an Weihnachten neben sehr vielen anderen leckeren Gerichten Artischocken gegessen, nach verschiedenen Arten zubereitet. Außerdem die leckeren »Cardi al forno con la mollica« aus »Kardone«, einer Gemüsedistel. Auch »Cassata« und »Cannoli«, beides sehr bunte und süße Kuchen mit Ricotta, werden oft gegessen. Die Faulen weichen auf industrielle Fertigprodukten wie »Panettone« oder »Pandoro« aus.

Schoko-Knuspermandeln

Rezept von Judith Faber, Böblingen

geschälte Mandeln
Schokoladenkuvertüre
Hagelzucker

Übrigens:

Das Rezept habe ich von einer italienischen Nachbarin. Leider ist sie in der Zwischenzeit umgezogen. Und auch ich wohne nicht mehr dort. Deshalb bin ich nicht absolut sicher, ob es sich tatsächlich um eine italienische Spezialität handelt.

Die Schoko-Knuspermandeln mache ich seit etwa fünf Jahren. Natürlich passen sie besonders gut in die Weihnachtszeit. Man kann sie aber auch das ganze Jahr über genießen. Die Schoko-Knuspermandeln eignen sich super zum Verschenken: Schön verpackt in durchsichtigen Tütchen mit weihnachtlichen Motiven und einer Schlaufe, sind sie die perfekte kleine Aufmerksamkeit für Freunde, Bekannte oder Kollegen zum Fest. Übrigens: Mandeln sind Steinfrüchte, keine Nüsse, und somit auch für Nuss-Allergiker geeignet.

Die Mandeln bei 50° C auf einem Backblech in den Backofen geben, bis sie schön knusprig/knackig sind. Das dauert etwa sechs bis acht Stunden. Die Kuvertüre im Wasserbad schmelzen und den Hagelzucker auf Tellern etwa 2 cm dick aufschütten. Nun die Mandeln mit der runden Seite zuerst in die flüssige Kuvertüre tauchen, dann in den Hagelzucker stecken. Im Winter trocknet die Kuvertüre besonders schnell, wenn man die Teller mit den fertigen Mandeln nach draußen stellt. Sonst einfach in den Kühlschrank stellen oder etwas länger warten. Danach die Mandeln aus dem Teller nehmen, in Tütchen verpacken oder auf dem Gebäckteller anrichten. Fertig.

Italien

Gueffus – Sardische Mandelbonbons

Rezept von Friedericke Müller, Ehrenkirchen

200 g Zucker
2 TL Wasser
200 g geriebene Mandeln
abgeriebene Schale einer halben Zitrone
1 Schnapsgläschen Wermut oder anderer Likör

Zum Einwickeln:
Seidenpapier in Weiß, Rosa und Hellblau

Den Zucker in einem Topf mit nur ganz wenig Wasser – etwa zwei Teelöffel – zum Schmelzen bringen. Mandeln, Zitronenschale und das Gläschen Wermut oder Likör zum geschmolzenen Zucker geben. Die Masse vom Feuer nehmen und noch warm kleine runde Bonbons formen. Die Bonbons sofort in Zucker wälzen und dann vierundzwanzig Stunden ruhen lassen. Aus weißem, rosafarbenem und blauem Seidenpapier 15 mal 10 cm große Stücke schneiden, an beiden Enden Fransen einschneiden und die Bonbons damit einwickeln.

Übrigens:

Das Rezept ergibt je nach Größe etwa 30 Stück. Die sardischen Mandelbonbons schmecken ausgezeichnet und man kann sie sogar an den Christbaum hängen. Kleiner Tipp: Befeuchten Sie Ihre Hände zum Formen mit Wermut, Orangenblütenwasser oder Rosenwasser!

Weihnachten auf Sardinien

Das Weihnachtsfest feiern die Sarden in überschwänglicher Freude. Am Heiligen Abend wird immer die ganze Familie eingeladen mit Großeltern, Eltern, Geschwistern und allen Kindern. Die Krippe, die im Vordergrund steht, wird in der Regel von der Mutter aufgestellt. Der Christbaum hat in Sardinien noch keine sehr lange Tradition. Er ist in der Regel in einem Blumentopf eingepflanzt oder es kann auch ein Plastikchristbaum sein. Geschmückt wird er mit Lichtern und Weihnachtssternen. Das Weihnachtsessen beginnt etwa um neun Uhr abends. Es gibt verschiedene Vorspeisen: Cardi (eine Distelart), Oliven, Salami, Radieschen, Käse und Schinken. Danach wird Pasta serviert. Zur Hauptspeise gibt es Lamm »arrosto« und/oder Spanferkel. Als Nachspeise kommt meistens »Panettone« auf den Tisch, das ist ein Gebäck mit Rosinen, Orangeat und Zitronat. Die Erwachsenen trinken natürlich die schweren Weine Sardiniens, rot und weiß. Zum Schluss gibt es immer Obst in verschiedenen Variationen und natürlich einen vorzüglichen Espresso.

Um Mitternacht besuchen die Sarden die Weihnachtsmesse. Die Geschenke für die Kinder gibt es in neuester Zeit am Heiligen Abend von »Babbo Natale«. Früher wurden sie am Dreikönigstag von der »Befana«, einer Hexe, gebracht. Im Dorf Solanas an der südlichen Küste Sardiniens am Golfo degli Angeli wird noch ein weiterer schöner Brauch gepflegt. Mitte Dezember wird dort von Tauchern eine steinerne Gruppe der Heiligen Familie im Meer versenkt. Am Heiligen Abend beleuchten die Taucher die Gruppe unter Wasser so, dass sie auf einer Leinwand am Strand erscheint. Auch hier wird überschwänglich gemeinsam gefeiert. Die Sardinnen und Sarden ziehen ihre wunderschönen Trachten an und es wird getanzt. Diese Insel mit ihren freundlichen Bewohnern, ihren alten Traditionen und ihrem guten Essen ist uns und auch unseren Kindern und Enkeln eine zweite Heimat geworden.

Schon seit vielen Jahren komme ich immer wieder nach Sardinien zu unseren Freunden und sie besuchen mich oft in Deutschland. Deshalb interessiere ich mich auch sehr für die leckeren Gerichte der sardischen Küche. Vor einigen Jahren bekam ich zum Geburtstag ein kleines Kochbüchlein »Die Küche Sardiniens« geschenkt. Darin habe ich die sardischen Gueffus entdeckt, die ich besonders liebe. Aber nicht nur ich, sondern auch meine drei Enkelkinder sind auf den Geschmack gekommen. So werden sie natürlich immer wieder von mir mit Gueffus beschenkt. Ich hatte Mühe, einige Bonbons zur Präsentation auf die Seite zu bringen. Da es in Sardinien zahlreiche Mandelhaine gibt, ist dort Mandelgebäck oder Ähnliches sehr beliebt.

Spanische Seufzer

Rezept von Renate Mönch, Lauterach

1 unbehandelte Orange
4 Stück Würfelzucker
2 Eiweiß
1 Prise Salz
150 g Puderzucker
250 g weiche Butter
500 g Mehl
1 Messerspitze gemahlene Nelken

Für den Zuckerguss:
Puderzucker
Orangensaft

Die Orange heiß abwaschen, abtrocknen und die Schale dünn mit dem Würfelzucker so weit wie möglich abreiben. Die Eiweiße mit einer Prise Salz steifschlagen, dann 50 g Puderzucker zugeben. Den Schnee schnittfest schlagen und kühl stellen. Die Butter schaumig rühren, dann nach und nach den übrigen Puderzucker und den Orangenzucker zugeben und die Masse schaumig schlagen. Den Eischnee auf die Buttermasse geben, das Mehl mit den Nelken mischen und darübersieben. Alles vorsichtig mit dem Teigspatel unterheben. Den Ofen auf 175° C vorheizen. Aus dem Teig etwa walnussgroße Bällchen formen, auf mit Backpapier belegte Bleche setzen und etwas andrücken. Die Kugeln 12 bis 15 Minuten backen und auf einem Gitter auskühlen lassen. Zum Schluss aus Puderzucker und Orangensaft einen Guss rühren und die Plätzchen damit glasieren.

Übrigens:

Das Rezept ergibt etwa 40 bis 50 Stück. Ich habe es in einer Illustrierten gefunden. Die spanischen Seufzer sind sehr schnell gemacht und haben allen, denen ich sie geschenkt habe, sehr gut geschmeckt.

Algerisches Mandelgebäck

Rezept von Renate Rumm, Künzelsau

700 g ungeschälte Mandeln
285 g Zucker
1 EL fein abgeriebene Zitronenschale
2 Eier
etwas Mehl

Zum Tränken und Verzieren:
1/8 l Wasser
4 EL Orangenlikör
125 g Puderzucker

Die Mandeln in kochendes Wasser geben, aufwallen lassen, abgießen und kalt abspülen. Die Schalen abziehen, dann die Mandeln trocknen lassen und reiben. Mit 225 g Zucker, Zitronenschale und den Eiern zu einem glatten Teig verkneten. Den Teig mit bemehlten Händen auf Mehl zu etwa 2 cm dicken Rollen formen, flachdrücken und mit einem bemehlten Messer schräg in Scheiben schneiden. Ein Backblech mit Backpapier auslegen. Das Mandelgebäck im vorgeheizten Ofen bei 175° C etwa 15 Minuten backen. Abkühlen lassen. Knapp 1/8 Liter Wasser und die restlichen 60 g Zucker aufkochen und abkühlen lassen. Mit dem Orangenlikör mischen. Das Gebäck in der Flüssigkeit wenden und auf einem Gitter abtropfen lassen. Mit Puderzucker bestäuben. In fest schließenden Dosen oder Gläsern aufbewahren.

Übrigens:

Das Rezept ergibt etwa 50 Stück. Da meine Familie Weihnachtsgebäck bevorzugt, das mit Marmelade gefüllt ist, backe ich auch eine algerisch-deutsche Version: Dazu welle ich den Teig aus und steche Plätzchen aus. Nach dem Backen setze ich je zwei davon mit Orangengelee zusammen, bestäube sie mit Puderzucker oder bestreiche sie mit Zuckerglasur.

Ägypten

Sehnsucht des Orients

Rezept von Gerd Baumeister, Stuttgart

50 g abgezogene Mandeln
50 g Walnüsse
100 g getrocknete Ananas
100 g getrocknete Aprikosen
100 g getrocknete Bananen
75 g kandierter Ingwer
½ TL gemahlener Zimt
¼ TL gemahlener Kardamom
1 Prise gemahlene Nelken
1 Prise gemahlene Muskatnuss
2 EL Orangenlikör (z. B. Grand Marnier)
Mark einer Vanilleschote
Saft und Schale einer Orange
1 Päckchen Strudelteig
flüssige Butter
Milch

Zum Verzieren:
Walnüsse
getrocknete Aprikosen

Mandeln, Walnüsse, Ananas, Aprikosen, Bananen und Ingwer in kleine Stücke hacken. In eine Schüssel geben, Gewürze, Orangenlikör, Vanillemark sowie abgeriebene Schale und Saft der Orange gut damit vermischen und etwas ziehen lassen. Sollte die Masse zu bröselig sein, noch etwas Orangensaft zugeben. Den Strudelteig in 15 cm große Quadrate schneiden. Diese dann zu Dreiecken schneiden. Mit flüssiger Butter bestreichen und einen Esslöffel Füllung darauf geben. Die Ecken einschlagen und das Ganze zu einem kleinen Röllchen aufrollen. Die Plätzchen auf ein mit Backpapier belegtes Backblech setzen und mit Milch bestreichen. Mit feinen Aprikosenstreifen oder Walnussstücken belegen. Im vorgeheizten Backofen bei 170° C etwa 10 Minuten backen.

Mein Tipp:

Das Grundrezept stammt aus Ägypten und wurde von mir etwas abgewandelt. Ich mache die Plätzchen nicht so süß und nehme Früchte und Gewürze, die man auch in Deutschland bekommt. Das Rezept ergibt etwa 25 Stück.

Concada

Rezept von Edna Yehouessi, Stuttgart

300 g Erdnüsse ohne Salz
150 g Feinzucker
6 EL Wasser
3 TL Zitronensaft

Zucker und Wasser in einen großen Topf geben und auf mittlerem Feuer unter Rühren schmelzen lassen. In den leicht bräunlich zerlassenen Zucker den Zitronensaft geben und das Ganze zu einem sehr hellen Karamell werden lassen. Den Topf vom Herd nehmen und mit einem Löffel die Erdnüsse gleichmäßig gut in den Karamell einrühren. Den Topf noch einmal bei sehr niedriger Temperatur erhitzen und die Masse unter Rühren etwa fünf Minuten aufkochen lassen. Dadurch wird der Karamell flüssig, und die Erdnüsse können besser darin verteilt werden. Aber immer darauf achten, dass der Karamell nicht zu dunkel wird. Danach die Masse etwa zehn Minuten abkühlen lassen. Eine große Schüssel, zum Beispiel eine Salatschüssel, mit kaltem Wasser füllen und bereitstellen. Beide Hände in das kalte Wasser tauchen und leicht abtrocknen. Mit Hilfe einer Gabel kleine Portionen von der Masse nehmen und in den leicht feuchten, kalten Handflächen zu kleinen Kugeln rollen. Die Bällchen auf einen Teller legen. Weitere Kugeln nach demselben Prinzip erstellen. Die Hände dazwischen immer wieder durch Eintauchen in die Wasserschüssel schön abkühlen. Achtung: Rasch arbeiten, da der Karamell schnell fest wird. Gegebenenfalls die ganze Masse auf niedrigem Feuer erneut kurz erwärmen. Die fertigen Bällchen zum Abkühlen stellen. In Gläschen oder Plastikbeuteln getrennt aufbewahren, da der Karamell mit der Zeit weich wird, was die Bällchen schmackhafter macht.

Übrigens:
Das Rezept ergibt etwa 35 Stück.

Weihnachten in Benin (Westafrika)

Benin ist ein Land mit mehreren Religionen. Die Christen, mit 42,6 Prozent in der Mehrheit, leben friedlich mit Moslems (27,8 Prozent) und Angehörigen von Naturreligionen (23,4 Prozent) zusammen. Weihnachten als solches ist ein Erbe der Missionierung und Kolonisation des Landes. In der Adventszeit ziehen die Kinder aus ärmeren Familien als »Kaleta«-Truppen von Haus zu Haus und spielen Sketche, um Geld für ihre Geschenke zu sammeln. »Kaleta« ist in etwa dem Karneval oder der Sternsinger-Aktion vergleichbar, da die Kinder dabei eine Maske tragen, sich möglichst kostümieren und mit selbst gebastelten Instrumenten singen und andere Darbietungen geben.

Der Abend des 24. Dezembers gehört der großen afrikanischen Familie. Das heißt, mehrere Familien und ihre Familienangehörigen, enge Freunde der Familien und die Hausangestellten zelebrieren zusammen eine große Feier mit Essen und Tanzen. Es ist üblich in Benin, Hausangestellte zu haben, und vom Status unabhängig. Wegen der hohen Arbeitslosigkeit bieten sehr viele ihre Dienste im Haushalt an. Essen gibt es am Weihnachtsabend reichlich: Mehrere Vorspeisen mit Baguette, verschiedene Hauptspeisen, Salat, Käseplatte, Nachtische ... Ebenso vielerlei Getränke. Nach dem Essen gehen die kleinen Kinder zu Bett und die Erwachsenen machen sich zur Mitternachtsmesse auf.

Als Weihnachtsbaum fungiert eine tropische Pinienart, der Kasuarinabaum, geschmückt mit Glaskugeln, Girlanden und sonstigen Ornamenten. Schneeflocken werden mit Hilfe von Wattefetzen nachgebildet. Während alle bei der Christmette oder kurz vor der Abfahrt dorthin sind, werden die Geschenke unter den Baum gelegt. Nach der Messe gibt es manchmal schon die Bescherung. Auf jeden Fall wird weiter getanzt und gegessen bis in die frühen Morgenstunden. Am 25. Dezember morgens schlafen die Erwachsenen aus. Früh wach, neugierig und aufgeregt schleichen sich die Kinder ins Wohnzimmer zum Baum, um zu sehen, ob ihnen »Papa Noël«, der Weihnachtsmann, etwas mitgebracht hat. Die Kinder werden nach dem Frühstücken und Waschen von Hausangestellten für die 10-Uhr-Messe feierlich angezogen

und dort hingebracht. Erst nach dem Gottesdienst im Dasein der Eltern werden die Geschenke ausgepackt: Freude, Erleichterung, Enttäuschung, Dank, Neid ... Von allem war bei uns immer ein bisschen dabei.

Dann ziehen sich alle leger an und los geht es zum Picknick an den Strand. Dort trifft man sich vor allem mit Freunden anderer Religionen, die schließlich auch diesen Feiertag genießen wollen. Weihnachten wird dann als Feier der Kinder miteinander gefeiert. Die nichtchristlichen Kinder bekommen ebenfalls Geschenke von ihren Eltern oder anderen Erwachsenen. Und nach dem feierlichen Weihnachtsabend erfreut man sich an diesem wenig konventionellen Mahl und vor allem am Herumliegen im Schatten am Strand. Das Picknick besteht aus den vielen Resten des Abends. Die Kinder spielen miteinander mit oder ohne ihre neuen Spielzeuge. Später gehen Erwachsene und Kinder gemeinsam ins Wasser zum Schwimmen oder Abkühlen. Erst bei Sonnenuntergang macht man sich wieder auf den Rückweg. Das ist Weihnachten in den Tropen!

Namibian Soet Cookies – Namibische Gewürzkekse

Rezept von Matthias Vetter, Esslingen am Neckar

300 g Mehl
200 g brauner Zucker
100 g gemahlene Mandeln
1 TL Backpulver
20 g Weinsteinpulver (gibt es in der Apotheke)
1 TL gemahlener Zimt
1 TL gemahlener Ingwer
1 TL gemahlene Muskatnuss
½ TL gemahlene Nelke
50 ml Rotwein
100 g Butter
3 Eier

Zum Verzieren:
1 Packung Schokoladenglasur

Mehl, Zucker, Mandeln, Backpulver, Weinsteinpulver und Gewürze miteinander vermengen. Dann mit Wein, Butter und Eiern zu einem glatten Teig vermengen. Den Backofen vorheizen und ein Backblech mit Backpapier auslegen. Den Teig portionsweise in eine Spritztüte füllen und kleine Häufchen aufspritzen. Genügend Platz zwischen den einzelnen Häufchen lassen, da die Cookies beim Backen noch etwas auseinanderlaufen. Bei 180° C 10 bis 15 Minuten backen. Die Plätzchen etwas auskühlen lassen und dann mit der im Wasserbad geschmolzenen Schokoladenglasur verzieren.

Übrigens:

Das Rezept ergibt etwa 70 Stück. Die Cookies eignen sich auch sehr gut als Kaffeegebäck, so dass wir sie über das Jahr verteilt mehrmals backen. Sie finden immer reißenden Absatz, Nachbarn und Freunde sind unsere Hauptabnehmer.

Hertzogies

Rezept von Peter Thum,
Großbottwar

30 g Butter
50 g Zucker
1 Eigelb
1 TL Vanillezucker
150 g Mehl
1 Prise Salz
Milch nach Bedarf

Für die Füllung:
1 Eiweiß
50 g Zucker
2–3 Tropfen Rum-Aroma
100 g Kokosraspeln
passierte Aprikosenmarmelade

Zum Verzieren:
Belegkirschen

Zum Backen:
etwa 10 Muffinförmchen

Die Butter mit dem Zucker schaumig rühren, danach Eigelb und Vanillezucker dazugeben. Dann Mehl, Salz und Milch nach Bedarf hinzufügen. Alles zu einem Knetteig vermengen und etwas kalt stellen. Den Teig etwa 5 mm dünn auswellen. Für Muffinförmchen passende Kreise ausstechen und diese in die Förmchen drücken. Eiweiß halb steif schlagen. Zucker und Rum-Aroma dazugeben und vollends steif schlagen. Die Kokosraspeln unter das Eiweiß heben. Von der durchpassierten Aprikosenmarmelade jeweils ein bis zwei Teelöffel in die Förmchen geben und mit der Kokosmasse bedecken. Als Verzierung eine halbierte Belegkirsche in die Mitte setzen. Die Hertzogies vor dem Backen zwei Stunden kalt stellen. Dann im vorgeheizten Backofen bei etwa 190° C (E-Herd) ungefähr 20 Minuten backen.

Übrigens:

Der Teig reicht für etwa 10 Hertzogies in Muffinförmchen.

Mexikanische Hochzeitskekse

Rezept von Maritta Lautensach-Flattich, Wiernsheim

250 g Butter
4 EL Zucker
½ TL Salz
400 g gehackte Mandeln
250 g Mehl (Type 405 oder 550)

Butter mit Zucker und Salz schaumig rühren. Die Mandeln unterrühren, zum Schluss das Mehl dazugeben. Aus der Masse Kugeln in Mirabellengröße formen. Die Kugeln auf ein gefettetes oder mit Backpapier belegtes Blech setzen und im vorgeheizten Backofen bei etwa 170° C Heißluft etwa 15 bis 20 Minuten goldgelb backen. Sofort vorsichtig zum Abkühlen auf ein Gitter setzen, dann Puderzucker darübersieben. Wenn die Hochzeitskekse erkaltet sind, in einer Dose auf Pergamentpapier aufheben.

Übrigens:

Keinesfalls die Mandelmenge verringern! Das Rezept ergibt etwa 54 Stück.

Vor langer Zeit hat mir meine amerikanische Familie, bei der ich fünfzehn Monate als Au-pair war, das Rezept für die »Mexican wedding-cookies« preisgegeben. Eigentlich ist es dort üblich, Familienrezepte streng zu hüten. Die mexikanischen Hochzeitskekse sind nach wie vor unsere Favoriten. Nach dem Rezept wurde ich oft gefragt.

Omas Minz-Kekse

Rezept von Landi Linder, Niederstetten

80 g Minz-Täfelchen
125 g Butter
50 g Puderzucker
1 Prise Salz
1 Ei
230 g Mehl
1 EL Kakao

Zum Verzieren:
Zartbitterkuvertüre

Die Minz-Täfelchen zerkleinern. Mit Butter, Puderzucker und Salz vermengen. Das Ei verquirlen und kräftig unterrühren. Mehl und Kakao dazugeben und kurz durchkneten. In Folie zwei Stunden kalt stellen. Dann dünn ausrollen, verschiedene Motive ausstechen. Auf ein mit Backpapier belegtes Blech legen und im vorgeheizten Backofen bei 180° C (Umluft 160° C) etwa 15 Minuten backen. Die Kuvertüre schmelzen und die abgekühlten Kekse mit dünnen Streifen verzieren. Dann zart mit Puderzucker bestäuben.

Übrigens:

Wenn man Tannenbäumchen aussticht, kann man sie auch mit grün eingefärbtem Zuckerguss verzieren anstatt mit Schokolade.

Das Rezept habe ich vor vier Jahren in einer Backzeitung gefunden, aber nie gebacken. Erst nach dem Aufruf in der Landesschau »Weihnachten international« habe ich mich rangetraut. Ein voller Erfolg! Familienangehörige und alle Bekannten, die in den Genuss der Kekse kamen, waren sehr begeistert. Das Rezept musste ich zwanzig bis dreißig Mal schreiben.

Rugalach

Rezept von Mary Meier-Roeder, Gomaringen

250 g weiche Butter
1 Packung (etwa 200 g) Frischkäse
125 g Zucker
400 g Mehl
½ TL Salz

Für die Füllung:
165 g Zucker
75 g gehackte Pecannüsse
100 g gehackte, getrocknete Preiselbeeren
125 g Butter
1 ½ TL Zimt
¾ TL Piment

Zum Verzieren:
1 großes Ei
Zucker

Butter und Frischkäse cremig schlagen. Portionsweise den Zucker dazugeben und glattrühren. Mehl und Salz hinzufügen und wieder glattrühren. Falls die Mischung zu trocken sein sollte, Milch dazugeben. Den Teig in acht gleichmäßige Portionen teilen und flachdrücken. Jede Portion in Frischhaltefolie einwickeln und acht Stunden im Kühlschrank ruhen lassen. Für die Füllung Butter schmelzen. Butter, Zucker, Pecannüsse, Preiselbeeren, Zimt und Piment vermischen. Jede Teigportion einzeln auf einem leicht bemehlten Untergrund zu einem Kreis von etwa 20 cm Durchmesser ausrollen. Drei Esslöffel Füllung auf dem Teig verteilen und außen einen gut 1 cm breiten Rand zum Zusammenrollen freilassen. Den Kreis in Achtel schneiden und die einzelnen Achtel vom Rand zur Spitze hin zusammenrollen. Die Rugalach mit der Spitze nach unten auf ein Blech legen. Das Ei verquirlen

Mein Tipp:

Statt der getrockneten Preiselbeeren kann man für die Füllung auch getrocknete Kirschen oder Aprikosen verwenden. Das Rezept ergibt etwa 64 Stück.

und die Plätzchen damit bestreichen. Dann mit Zucker bestreuen. Im vorgeheizten Backofen bei 180° C etwa 20 Minuten backen, bis die Rugalach eine goldbraune Färbung haben. Auf einem Gitter auskühlen lassen.

Inhalt

Algerisches Mandelgebäck
 ALGERIEN
 (Renate Rumm) 92

Brune Kager –
 Dänische braune Kuchen
 DÄNEMARK
 (Rainer Petersen) 24

ANZAC Biscuits
 NEUSEELAND
 (Rosemarie Reiber) 18

Bečar-Schnitten
 KROATIEN
 (Marija Marić) 54

Bessarabische Lebkuchen
 MOLDAWIEN/UKRAINE
 (Hildegard Dürr) 72

Böhmische Stangerln
 aus Gewürzbutterteig
 TSCHECHIEN
 (Herta Pfau) 50

Buccellati – Sizilianisches
 Weihnachtsgebäck
 ITALIEN
 (Caterina Brancato) 80

Bunicas Walnussplätzchen
 (Omas Walnussplätzchen)
 RUMÄNIEN
 (Elisabeth Mayer) 68

Burgenländer Kipferl
 ÖSTERREICH
 (Doris Zimmer-Perko und
 Peter Dedecek) 42

Butterstangerl
 ÖSTERREICH
 (Brigitte Geiger) 36

Concada
 BENIN
 (Edna Yehouessi) 96

Griechisches Weihnachtsgebäck
 GRIECHENLAND
 (Sonja Baumgart) 76

Gueffus –
 Sardische Mandelbonbons
 ITALIEN
 (Friedericke Müller) 86

Haselnussstäbchen
 KROATIEN
 (Marija Marić) 56

Hertzogies
 SÜDAFRIKA
 (Peter Thum) 102

Julstjärnor – Schwedische
 Weihnachtssterne
 SCHWEDEN
 (Britta Stöckle-Forsgren) 22

Karotten-Halwa
 INDIEN
 (Neelima Gandbhir) 8

Klari-Bretle
 UNGARN
 (Maria Staiger) 66

Klosterkipferl
 ÖSTERREICH
 (Brigitte Geiger) 38

Konische Schaumrollen
    RUMÄNIEN
    (Elisabeth Bingert) 70
Loferer Törtchen
    ÖSTERREICH
    (Martha Jochim)........................ 40
Mexikanische Hochzeitskekse
    MEXIKO
    (Maritta Lautensach-Flattich).. 104
Mürbe Nusshörnchen
    UNGARN
    (Anni Hahn).............................. 64
Namibian Soet Cookies –
    Namibische Gewürzkekse
    NAMIBIA
    (Matthias Vetter)..................... 100
Nussstangen
    TSCHECHIEN
    (Karin Lantzsch)........................ 48
Omas Minz-Kekse
    USA
    (Landi Linder)......................... 106
Orehnjaca (Walnusskuchen)
    KROATIEN
    (Carmen Ott) 60
Rich Fruit Cake
    GROSSBRITANNIEN
    (Karin Schindler) 26
Rugalach
    USA
    (Mary Meier-Roeder) 108
Schoko-Kirsch-Kugeln
    KROATIEN
    (Marija Marić)........................... 58

Schoko-Knuspermandeln
    ITALIEN
    (Judith Faber)............................ 84
Sehnsucht des Orients
    ÄGYPTEN
    (Gerd Baumeister) 94
Spanische Seufzer
    SPANIEN
    (Renate Mönch) 90
Türkische Honigstreifen
    TÜRKEI
    (Ursula Geiger) 12
un kurabiyesi (Mehlgebäck)
    TÜRKEI
    (Ruhsar Aydogan)..................... 14
Urner Leckerli
    SCHWEIZ
    (Jasmin Schlanderer-Seifert) 34
Weihnachtshefegebäck
    SCHWEIZ
    (Doris Düll) 32
Wilhelminas
    FINNLAND
    (Rosemarie Reiber) 20
Zimtsterne von Maria
    TSCHECHIEN
    (Annina Klarer)......................... 46

Gutsle global
    (Margarete Endreß)................... 5
Weihnachten international 1
    (Annette Krause).................... 44
Weihnachten international 2
    (Jürgen Hörig) 78

Weihnachten mit der Landesschau

In Ihrer Buchhandlung

Honig, Nuss und Mandelkern

Die besten Lebkuchenrezepte.
Weihnachten mit der Landesschau

*120 Seiten, 120 Farbfotos, fester Einband.
ISBN 978-3-87407-887-0*

Gebacken und erzählt

Köstliche Rezepte, besinnliche Geschichten. Weihnachten mit der Landesschau

*120 Seiten, 136 Farbfotos, fester Einband.
ISBN 978-3-87407-757-6*

Spitzbüble, Anisbrötli, Bärentatzen

und weitere köstliche Familienrezepte. Weihnachtsbäckerei mit der Landesschau

*120 Seiten, 130 Farbfotos, fester Einband.
ISBN 978-3-87407-712-5*

Plätzle, Bredle, Gutsle

Weihnachtsbäckerei mit der Landesschau. Die besten Familienrezepte

*120 Seiten, 131 Farbfotos, fester Einband.
ISBN 978-3-87407-675-3*

Silberburg·Verlag

www.silberburg.de